Marey Kurz

Vollwertkost die Kindern schmeckt

Erprobte Rezepte und praktischer Rat für richtige Ernährung im Kleinkind- und Schulalter

W0040248

GU

Gräfe und Unzer

Umschlagfotos
Vorderseite: Was bunt und reizvoll aussieht, macht
Kindern Appetit. Brötchenfrösche, Rezept Seite 78;
Nußmöhren, Rezept Seite 27; Nudeln mit Käse und
Nüssen, Rezept Seite 44.
2. Umschlagseite: Diese Zwiebelpizza findet bei
Kindern (und Erwachsenen) immer Beifall, Rezept
Seite 47.
3. Umschlagseite: Je vielfältiger die Früchte, um so
begehrenswerter wird Tuttifrutti, Rezept Seite 67.
Rückseite: Gesund und abwechslungsreich: Mais-
Sandwiches, Rezept Seite 38; Minestrone, Rezept
Seite 23; Aprikosenknödel, Rezept Seite 61.

CIP-Kurztitelaufnahme der Deutschen Bibliothek

Kurz, Marey

Vollwertkost, die Kindern schmeckt: erprobte Rezepte
u. prakt. Rat für richtige Ernährung im Kleinkind- u.
Schulalter / Marey Kurz. – 5. Aufl. – München:
Gräfe und Unzer, 1989.

ISBN 3-7742-3294-6

5. Auflage 1989
© Gräfe und Unzer GmbH, München
Redaktion: Antje Schunka-Späth
Fachliche Beratung: Doris Birk, Diplom-Haushalts-
wissenschaftlerin
Herstellung: Monika Gerretz
Farbfotos: Susi und Pete A. Eising
Zeichnungen: Gerlind Bruhn
Umschlaggestaltung: Heinz Kraxenberger
Satz und Druck: Appl, Wemding
Reproduktion: Brend'amour, Simhart & Co.
Bindung: Sellier, Freising

ISBN 3-7742-3294-6

Marey Kurz
stammt aus einer deutsch-baltischen Familie. Als jun-
ges Mädchen kochte sie oft für Eltern und Geschwi-
ster und interessierte sich dabei für alles, was mit ge-
sunder Küche zusammenhängt. Seit über 25 Jahren
kocht und bäckt sie als Hausfrau und Mutter. Ihr Ziel
war stets, die täglichen Mahlzeiten gesund, aber vor allem auch schmackhaft auf den Tisch zu bringen. Da sie
selbst jahrelang Diät halten mußte, begann sie sich in-
tensiv mit der Vollwertkost zu beschäftigen. Und die
Versuche gaben ihr recht: die ganz konsequente Um-
stellung der Ernährung brachte eine Besserung der
gesundheitlichen Probleme. So schrieb sie ihr erstes
Kochbuch »Die neue Vollwertküche – schnell und
leicht« und bald darauf «Soja in der Vollwertküche«,
»Vollwert-Rezepte für 1 Person« und »Vollkornbrote
selber backen«.

Wichtiger Hinweis
Kaufen Sie möglichst nur gereinigtes Getreide, denn
Schmutz und Unkrautsamen (vor allem Samen der gif-
tigen Kornrade) dürfen nicht enthalten sein. Das gleiche gilt auch für das heute wieder häufiger auftretende
Mutterkorn, das vor allem den Roggen befällt. Es ist
ein deutlich erkennbares, schwärzliches und meist
stark vergrößertes Korn. In größeren Mengen verzehrt
(etwa 5–10 g) ruft es lebensgefährliche Vergiftungser-
scheinungen hervor. Die Gefahr ist allerdings relativ
gering, wenn Sie, wie empfohlen, gereinigtes Getreide
kaufen.
Weder die Schoten noch die Samen von Hülsenfrüchten dürfen roh verzehrt werden. Erst durch ausrei-
chendes Garen wird das natürliche Gift der Bohnen,
das Phasin, und die auf den Eiweißstoffwechsel ungün-
stig wirkende Substanz der Sojabohnen, unschädlich
gemacht. Da diese Substanz beim Keimen nur teilwei-
se abgebaut wird, sollen Sojabohnenkeimlinge nicht
zu oft und grundsätzlich kurz erhitzt / blanchiert verzehrt werden.

Inhalt

Inhalt

Ein Wort zuvor

Wir wollen für unsere Kinder immer das Beste, und vielen Eltern ist heute bewußt, daß vernünftige Ernährung eine wichtige Voraussetzung für Gesundheit, Wohlbefinden und Leistungsfähigkeit – also für fröhliche und glückliche Kinder ist. Doch der Wunsch, die Eßgewohnheiten der Familie umzustellen, stößt bei Kindern häufig auf Widerstand; sie verzichten ungern auf Gewohntes. Vollwertkost für Kinder muß also besonders verlockend sein, damit die Neugierde geweckt wird und die kleinen »Feinschmecker« sich davon überzeugen können: Es schmeckt!

In diesem neuen kleinen Vollwert-Kochbuch will ich Ihnen zeigen, wie einfach es ist, Kindern die Vollwertkost schmackhaft zu machen. Was sie gerne essen, was sie ablehnen und was sie brauchen, habe ich in jahrelanger Praxis mit meinen eigenen, inzwischen »großen« Töchtern und mit vielen befreundeten Kindern erfahren. Warum Vollwertkost für Kinder so wichtig ist, was man überhaupt darunter versteht, wie Sie »Problemesser«, die zu viel, zu wenig oder das Falsche essen, umgewöhnen können und was grundsätzlich bei einer gesunden Ernährung für die einzelnen Altersstufen vom Kleinkind (ab etwa 1 Jahr) bis zum Jugendlichen zu beachten ist – zu allem finden Sie praktischen Rat in kurzen, überschaubaren Kapiteln; dazu Warenkunde, Tips und Adressen am Schluß des Buches.

Erwachsene kann man mit Argumenten davon überzeugen, daß eine vollwertige Ernährung heute nötiger ist, denn je. Bei Kindern helfen sie jedoch wenig, zumal, wenn die Werbung zu immer neuen Wünschen verführt. Hier hilft nur eines: Die Gerichte, die zu Hause auf den Tisch kommen, müssen sehr gut schmecken und dadurch die Kinder begeistern.

Aus einer Fülle von Rezepten habe ich die reizvollsten ausgewählt. Viele Rezeptnamen wecken schon den Appetit und erst recht die zahlreichen, alle neu fotografierten Farbbilder. Was etwas schwieriger zuzubereiten ist, wird in Schritt-für-Schritt-Fotos genau gezeigt. Viele Zeichnungen und Tips geben zusätzliche Informationen. Die Rezepte sind so aufgebaut, daß sie viel Spielraum für Varianten bieten, denn Abwechslung ist für eine gesunde, ausgeglichene Kinderernährung ein Muß.

Kinder möchten auch oft etwas »Lustiges« essen, weil das mehr Spaß macht und ihre Augen mitessen. Auch das habe ich bei der Beschreibung der unkomplizierten Rezepte bedacht.

Besonders gesunde Zutaten, die manche Leute und auch Kinder nicht so gerne mögen, wie zum Beispiel Weizenkeime oder Edelhefeflocken, sind in vielen Rezepten so gut versteckt, daß man sie wirklich nicht herausschmecken kann. Da es vor allem in größeren Familien darauf ankommt, den Bedarf an hochwertigen, gesunden Nahrungsmitteln auch so zu decken, daß die Mahlzeiten nicht viel kosten, habe ich diesen Aspekt ebenfalls berücksichtigt: Vollwertkost muß nicht teuer sein, auch wenn das häufig behauptet wird!

Sie finden in diesem neuen Vollwert-Kochbuch vom gesunden Frühstück bis zum Dessert alles, was Kinder gerne mögen, auch Naschereien, Gebäck und bekömmliche Getränke sowie leichte Gerichte für kranke Kinder und Geeignetes fürs Kinderfest.

Genug der Vorrede. Ich hoffe, daß es Ihnen im Laufe der Zeit gelingt, Ihr Kind für die Vollwertkost zu gewinnen. Haben Sie etwas Geduld, wenn nicht alles gleich begeistert akzeptiert wird. Es sind unter den Rezepten so viele »Lieblingsgerichte«, die den Einstieg sicher erleichtern. In diesem Sinne wünsche ich allen guten Appetit!

Ihre Marey Kurz

Vollwertkost für Kinder

Kein Zweifel, Kinder brauchen gesunde Nahrung. Wir alle müssen essen, denn unser Körper benötigt Nahrungsmittel, um die Lebensfunktionen (Wärme, Energie) aufrechtzuerhalten und um verbrauchte Körperzellen zu erneuern. Kinder und Jugendliche brauchen außerdem die Nahrung für ihre Entwicklung zum erwachsenen Menschen, bei ihnen müssen sich die Zellen noch vermehren. Für Kinder und Jugendliche ist daher eine richtige, gesunde, ausgeglichene Ernährung noch wichtiger als für Erwachsene. Der Aufbaustoff Eiweiß (Protein) muß also ausreichend angeboten werden, denn Kinder brauchen im Verhältnis zum Körpergewicht wesentlich mehr Eiweiß als Erwachsene, und zwar pflanzliches und tierisches. (Eiweiß ist hauptsächlich enthalten in Fleisch, Fisch, Eiern, Milch und Milchprodukten, Getreide, Hülsenfrüchten, Nüssen, Kartoffeln und einigen Gemüsesorten.) Damit sind wir schon bei der »Fleischfrage«. Fleisch ist ein nährstoffreiches Lebensmittel. Es enthält viel Eiweiß, B-Vitamine und Eisen. Doch für eine gesunde Ernährung ist Fleisch (und Wurst) nicht unbedingt notwendig. Die Behauptung, wer kein Fleisch esse, sei mangelhaft ernährt, ist falsch. Pflanzliches Eiweiß ist zwar im allgemeinen nicht so hochwertig wie tierisches Eiweiß – der Grund dafür ist der geringere Anteil an lebensnotwendigen (essentiellen) Aminosäuren. Das sind Eiweißbausteine, die unser Körper nicht selbst herstellen kann, aber zum Aufbau körpereigener Substanz braucht. Doch wir essen nicht nur Eiweiß von einer Sorte, sondern ein Gemisch verschiedener Proteine aus Getreide, Hülsenfrüchten, Reis, Bohnen und so weiter. Pflanzliche Lebensmittel können so miteinander kombiniert werden, daß ihr Eiweißgemisch ebenso hochwertig ist wie tierisches Eiweiß. Wer zusätzlich Milch oder Milchprodukte sowie Eier verzehrt, braucht nicht zu befürchten, daß er zu wenig Eiweiß erhält. Bei Kindern sollte man auf diese tierischen Produkte, auch wegen des Kalziumanteils, der für den Knochenaufbau wichtig ist, auf keinen Fall verzichten.

Fleisch hat auch Nachteile: den Gehalt an Fett und Cholesterin sowie an Purinen (die bei dafür veranlagten Menschen Gicht hervorrufen können). Wurstwaren enthalten zusätzlich eine nicht unbeträchtliche Menge an Kochsalz.

Als weitere Nährstoffe braucht der Körper Kohlenhydrate und Fette. Kohlenhydratträger sind hauptsächlich Brot, Teigwaren, Mehl, Grieß, Reis, Haferflocken, Kartoffeln, Gemüse, Obst, Honig und Zucker. In der üblichen Kost werden die Kohlenhydrate zum großen Teil in Form von weißem Mehl und weißem Zucker aufgenommen. Doch fast alle Ernährungsfachleute sind sich darüber einig (trotz sonstiger Differenzen): weißer Zucker und weißes Mehl gehören nicht zu einer gesunden, vollwertigen Ernährung. Wenn man sich überlegt, in wie vielen Nahrungsmitteln Weißmehl und/oder Zucker enthalten ist, versteht man die Notwendigkeit einer Ernährungsumstellung.

Beinahe alle Stoffe, die für eine vollwertige Ernährung notwendig sind, enthält das volle Korn: Vitamine (vor allem der B-Gruppe), Mineralstoffe, wertvolles Fett, Eiweiß und sogenannte »Ballaststoffe« (unverdauliche Bestandteile, die für

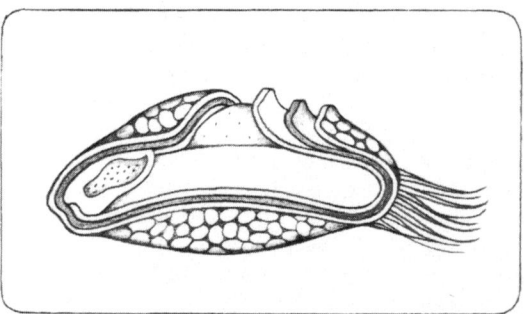

In den Randschichten befinden sich die meisten Wertstoffe beim »vollen« Weizenkorn. Links ist der fetthaltige Keim zu sehen.

Vollwertkost für Kinder

eine reibungslose »Abfallbeseitigung« sorgen und als »Darmbürste« wirken).

Als Fette werden heute wieder die natürlichen empfohlen: die Butter (leicht verdaulich, vitaminreich), die kaltgepreßten Pflanzenöle und Margarinen daraus. Nüsse (Nußmus), Milch und Milchprodukte sind ebenfalls wertvolle, naturnahe Fettlieferanten. Alle diese »Fett-Träger« enthalten die notwendigen fettlöslichen Vitamine A, D, E und K. Fett bedarf in der Ernährung für Kinder besonderer Beachtung, denn 1. ist Fett in vielen Nahrungsmitteln »versteckt« enthalten, zum Beispiel in Nüssen, Käse, Wurst, Fleisch, Schokolade, Kartoffelchips, Pommes frites, Kuchen, Keksen und Torten, 2. hat Fett doppelt so viel Energiegehalt (Kalorien) wie Eiweiß oder Kohlenhydrate und 3. ist die übliche Ernährung insgesamt viel zu fett.

Durch eine abwechslungsreiche Vollwertkost bekommen wir automatisch die wichtigen »Ergänzungsstoffe« (Mineralstoffe, Vitamine, Fermente, Aromastoffe und Ballaststoffe) mitgeliefert, die unser Körper ebenfalls dringend braucht. Es besteht also keine Notwendigkeit, daß Sie mit täglichem Nährstoff- und Kalorienrechnen Ihre Kinder wie kleine Maschinen ansehen, die mit »Treibstoff« gefüttert werden müssen, damit sie funktionieren. Trotzdem sollten Sie ab und zu den wöchentlichen Fettverbrauch kontrollieren (auch die versteckten Fette) oder den Verbrauch an süßen Kohlenhydraten und ebenso, ob der Eiweißverbrauch ausreichend oder zu hoch war. Daneben ist zu überlegen, ob pflanzliche und tierische Eiweißquellen ausgewogen angeboten wurden oder verschiedene pflanzliche gleichzeitig (wegen des »Ergänzungseffektes«). Stichprobenartig sollte auch immer zwischendurch geprüft werden, ob die für Kinder empfohlenen Nährstoffmengen in etwa stimmen, da wir von der üblichen Kost keine ausgeglichene, vernünftige Nährstoffzusammensetzung mehr gewohnt sind.

Aus allem wird ersichtlich: eine ovo-lacto-vegetarische Vollwertkost (also mit Eiern, Milch und Milchprodukten) mit viel Abwechslung bietet einen ausgesprochenen Sicherheitsfaktor in Bezug auf die ausreichende Versorgung mit allen lebensnotwendigen Stoffen. Sie hat auch einen regulierenden Einfluß auf den Appetit, so daß sich bei etwas zusätzlichem »Drandenken« die richtigen Mengen ganz von selbst »einpendeln« werden.

Was ist Vollwertkost?

Das Vollgetreide (Weizen, Dinkel, Roggen, Gerste, Hafer, Grünkern, Hirse, Vollreis, Mais und Buchweizen) bildet den Grundstock – zur optimalen Versorgung mit fast allen Nährstoffen. Vollkornprodukte werden von beinahe allen Ernährungsfachleuchten ausdrücklich empfohlen – auch von solchen, die die »übliche« Kost vertreten. Nur geht die Vollwertküche noch einen Schritt weiter und verbannt weißes Mehl, Produkte daraus, weißen Reis und Zucker ganz (nach einer Weile schmecken die weißen »Abkömmlinge« sowieso nicht mehr). Wer es probiert hat, weiß, man fühlt sich nach dem Genuß von Vollkorngerichten rundherum wohl, also nicht belastet, das Sättigungsgefühl hält lange an und es gibt keine Probleme mit Verstopfung (leider auch bei Kindern ein weitverbreitetes Problem). Die Meinung, Vollgetreide sei schwer verdaulich, rührt daher, daß einige käufliche Vollkornbrotsorten etwas schwer im Magen liegen und daß manche Menschen den gleichzeitigen Genuß von zuckerhaltiger und Konservennahrung nicht vertragen.

Es kommt also darauf an, was Sie »zum Angewöhnen« auf den Tisch bringen. Gut ausgequollene Getreidegrützen, Gerichte aus Vollkornnudeln oder -grieß oder auch alle Brote nach meinen Rezepten vertragen Sie und Ihre Kinder bestimmt.

Die zweite »Säule« der Vollwertkost ist Gemüse und Obst. Es ist zusammen mit Vollgetreide oder Kartoffeln Mittelpunkt der Mahlzeit und nicht »Beilage«, wie in der Fleischkost. Gemüse und Obst, roh oder schonend gegart, garantiert reichliche Vorsorgung mit Vitaminen, Mineralstoffen, Fermenten, Duft- und Aromastoffen (und Ballaststoffen). Wichtig ist die tägliche Ration Rohkost von möglichst 50%: rohe Salate, Obst und/oder etwas rohes Getreide (zum Beispiel als Müsli).

Für eine optimale Eiweiß- und Fettversorgung werden reichlich Milch- und Milchprodukte eingesetzt (auch für die bei Kindern und Jugendlichen wichtige Kalziumversorgung), auch Eier (in Maßen) und Nüsse. Wer will, kann auch ab und zu Fleisch essen (doch möglichst von gesunden Tieren).

Ein wichtiges Merkmal der Vollwertküche ist, daß sie sich bemüht, die Lebensmittel so wenig wie möglich zu verändern (roh oder schonend gegart). Den Produkten, die am wenigsten industrielle Verarbeitung und Veränderung erfahren haben, wird stets der Vorzug gegeben. Fertignahrung, Konserven und ähnliches werden weitgehend gemieden. Nach Möglichkeit kaufen wir Lebensmittel, die schon bei der Erzeugung so wenig wie möglich von schädlichen Umwelteinflüssen belastet worden sind, zum Beispiel Getreide, Gemüse, Obst und Milchprodukte von naturgemäß wirtschaftenden Landwirten. Wie man sonst Schadstoffe in der Nahrung vermeiden kann, darüber gibt es umfangreiche Untersuchungen. Einige Literatur dazu habe ich Ihnen auf Seite 101 empfohlen. Zur Schadstoffbelastung allgemein muß man sagen, daß niemand ihr ganz entgehen kann, man kann sie aber durch Umsicht verringern. Oder mit anderen Worten: Wir alle (auch unsere Kinder) sind vielfältigen Belastungen ausgesetzt. Müssen wir da

unseren Körper durch falsche Ernährung noch zusätzlich belasten?

Das allerwichtigste für eine gesunde Kinderkost ist jedoch sicher eine fröhliche, entspannte und liebevolle Atmosphäre am Familientisch, denn nur, was mit Appetit gegessen wird, kann der Körper auch richtig verwerten.

Die Ernährung des Kleinkindes

Ihr Kind ist ein Jahr alt und kein Baby mehr. Das wird Ihnen schnell bewußt, wenn das quirlige, immer aktive, unberechenbare Geschöpfchen Sie ständig in Atem hält. Das Kleinkind braucht keine Babykost mehr. Viele Speisen, die auch die Familie ißt, können dem Kind jetzt gegeben werden. Kartoffeln, Gemüse und Obst werden nicht mehr, wie für den Säugling, fein passiert, sondern nur noch gequetscht oder feingeschnitten. Sobald das Kind allein sitzen kann, wird es auch am Familientisch mitessen. Ein »Extramenü« müssen Sie für Ihr Kind nicht zubereiten (es kommt sich sonst so vor, als ob es nicht dazugehören würde), doch gilt es, einige wesentliche Grundregeln bei der Ernährung des kleinen Kindes zu beachten.

Eine italienische Ärztin sagte mir zum Beispiel, daß in ihrer Heimat Kinder von einem Jahr an alles essen, was auf den Tisch kommt. Sie konnte nicht verstehen, warum man hierzulande noch so lange »Gläschen« füttert. Vom Familienessen sollte das Kleinkind jedoch nichts Gebratenes, Gegrilltes oder Geröstetes bekommen, auch keine scharf und stark gewürzten oder gesalzenen Speisen, keine Gerichte aus ganzen Körnern und kein sehr grobes Vollkornbrot. Ab dem 13. Monat können Sie Ihrem Kind auch Rohkost geben, ganz fein zerkleinert. Auf Kohl und Hülsenfrüchte sollte man bis einschließlich des zweiten Lebensjahres noch verzichten.

Das Kleinkind braucht regelmäßige Mahlzeiten, am besten 4–5 am Tag. Das Frühstück sollte vom Nährwert her eine Hauptmahlzeit sein. Auch braucht das Kind alle Nährstoffe in ausreichender Menge und in Form von abwechslungsreichen Speisen: Kohlenhydrate und Fett für seinen starken Energieverbrauch, Eiweiß für sein schnelles Wachstum.

Kleinkinder lernen durch Zusehen und Nachahmen. Jetzt ist es also wichtig, daß Sie Ihrem Kind ein gutes Vorbild sind. Durch das Angebot an schmackhaften Gemüse-, Obst-, Quark- und Milchspeisen, Vollkorngerichten und -gebäck lernt das Kind – natürlich unbewußt –, das Richtige zu essen und sich gesund zu ernähren. Der Unsitte, zwischen den Mahlzeiten zu naschen, sollten Sie gerade jetzt energisch begegnen. Manchmal ist es nötig, Omas und Opas in dieser Hinsicht zu »steuern«. Es muß ja nicht unbedingt etwas zum Naschen sein, wenn das Enkelkind verwöhnt werden soll.

»Helfen« in der Küche macht Kleinkindern (und später auch vielen Schulkindern) großen Spaß, besonders beim Backen. Eine Reihe meiner Rezepte eignen sich dazu sehr gut. Es kostet die Eltern zwar Arbeit und Nerven, aber es lohnt sich. Meine Küche sah nach solch einem Backtag mit begeisterten, rotwangigen »Miniköchinnen« immer furchtbar aus, deshalb legte ich ihn möglichst auf einen Tag vor dem Putztag. Die vielen »unmöglichen« Fragen zur »Küchentechnik« stellten meine Geduld auch oft auf eine harte Probe. Doch der Spaß, den die Kleinen dabei haben, und ihre Freude, das »Selbstgemachte« zu essen, lohnt jede Mühe. Allerdings muß man sehr umsichtig sein und darf die Helfer nicht aus den Augen lassen, damit sie sich nicht verletzen.

Die Ernährung des Schulkindes

Mit dem langersehnten ersten Schultag beginnt für Ihr Kind ein neuer Lebensabschnitt. Es muß nun wohl oder übel mit den Forderungen unserer »Leistungsgesellschaft« leben lernen. Eine vollwertige Ernährung wird ihm dabei eine gute Hilfe sein.

Ein gutes nahrhaftes Frühstück, das neben genügend Eiweiß und Kohlenhydraten reichlich Vitamine und Mineralstoffe enthält, spielt eine Schlüsselrolle im Schüleralltag. Kinder, die ohne oder mit einem unzureichenden Frühstück den Tag beginnen, haben oft zu niedrige Blutzuckerwerte, sie leiden unter Nervosität und Konzentrationsmangel. Wenn das 1. Frühstück zu Hause vollwertig war (siehe Seiten 70–79), genügt als 2. Frühstück für die Pause frisches Obst oder Gemüse. Wenn die Kinder mehr Hunger haben, ist Vollkornbrot und/oder Milch oder Joghurt das Richtige.

Mittags kommen Kinder hungrig aus der Schule (kein Wunder, wenn man denkt, welche Leistungen ihnen dort abverlangt werden). Dann sollte etwas Warmes, vollwertig und vitaminreich, bereitstehen. Den Hunger jetzt mit »leeren Kalorien« zu beruhigen, wäre ganz falsch, denn anschließend wird ja neue Energie für die Hausaufgaben gebraucht. Wenn ein warmes Mittagessen nicht möglich sein kann, weil die Mutter berufstätig ist, kann man zum Beispiel Feines mit Getreidegrütze vorbereiten (siehe Seite 31), aber bitte nicht für jeden Tag. Größere Kinder können sich einfache Gerichte selbst kochen. Fahrschülern (die mittags nicht nach Hause können) kann man genügend Vollkornbrot oder -gebäck sowie saftiges Obst und Gemüse mitgeben, damit sie nicht auf Pommes frites, Limonade und Kekse angewiesen sind. Gerade bei Schulkindern ist also wiederum sehr viel Aufmerksamkeit und Phantasie notwendig, um dem »Schlendrian« von süßen Zwischenmahlzeiten vorzubauen.

Wenn es aus familiären Gründen nicht möglich ist, mittags eine warme Mahlzeit zu bereiten, sollten Sie darauf achten, daß das Abendessen frühzeitig eingenommen wird, damit der Schlaf, den gerade Schulkinder so dringend brauchen, nicht durch den vollen Magen beeinträchtigt ist. Idealer wäre es natürlich, die Abendmahlzeit kleiner und leichter anzubieten.

Manche Kinder haben eine Abneigung gegen gewisse Nahrungsmittel (meist die besonders gesunden). Ich habe Ihnen in vielen Rezepten einige Tricks verraten, wie Sie diese so zubereiten oder »verstecken« können, daß Ihre Sprößlinge sie dennoch mögen – oder gar nicht bemerken.

Die Ernährung des Jugendlichen

Jugendliche haben einen besonders hohen Nährstoffbedarf. Besonders bei Jungen beobachten wir das sogenannte »Freßalter«; sie können Unmengen vertilgen und bleiben dennoch schlank. Im Ernährungsbericht der Deutschen Gesellschaft für Ernährung von 1984 heißt es: »Leider neigen junge Leute dazu, sich weniger Gedanken über die richtige Nahrungswahl zu machen, als ihre Großeltern es taten. Sie nehmen Salat, frisches und gekochtes Gemüse, Obst und Brot weniger oft zu sich als die ältere Generation. Auf der anderen Seite konsumieren Jugendliche häufiger Wurstwaren, Schokolade, Süßwaren, Zucker, salzen ihr Essen zusätzlich und trinken öfter Limonade und andere Erfrischungsgetränke. Einige der ungünstigen Ernährungsgewohnheiten spiegeln sich in kritischen biochemischen Werten für die Nährstoffbedarfsdeckung wider.« Es wird auch erwähnt, daß Jugendliche im allgemeinen zu wenig eiweißreiche Nahrung (besonders aus Milchprodukten) zu sich nehmen. Daneben wird eine zu niedrige Versorgung mit Kalzium, Vitamin D und C, Folsäure, Vitamin D_2, Thiamin und Eisen angeführt. Am meisten leiden Mädchen in der Pubertät unter Eisenmangel. Unter den jungen Mädchen finden sich auch die meisten Untergewichtigen (knapp 50%).

All das zeigt, wie dringend Jugendliche eine abwechslungsreiche, nahrhafte Vollwertkost brauchen. Erfreulicherweise interessieren sich immer mehr Jugendliche für »Bio-Kost«. Hier ist es nun wichtig, den Heranwachsenden klar zu machen, daß eine ausgeglichene ovo-lacto-vegetarische Kostform die beste Alternative ist – und ihnen diese auch innerhalb der Familie anzubieten. Es besteht sonst die Gefahr, daß sie vom einen Extrem, wie es der Ernährungsbericht schildert, in ein anderes fallen, nämlich in zu strenge und damit einseitige Ernährungsformen.

Was Kindern schadet

Eine unfreundliche Atmosphäre beim Essen, vielleicht sogar mit Drohungen und »Angstmachen«, wenn der Teller nicht leergegessen wird, schadet bestimmt. Kinder, die zum Essen gezwungen werden, leiden an Verdauungsstörungen, Blähungen, Bauchschmerzen. Manche Eltern meinen zwar, ihr Kind würde ohne Zwang gar nichts essen. Diese Sorge ist unbegründet, denn der Trieb zur Nahrungsaufnahme ist viel zu stark – nur vielleicht nicht gerade zu dem Zeitpunkt, der den Eltern paßt. Auch eine übertriebene Angst, bei der Ernährung etwas falsch zu machen, oder eine zu dogmatische Festlegung nach strengen Ernährungsrichtlinien kann Kindern schaden. Wenn sie mal ein Stück Schokolade oder ein weißes Brötchen mit Appetit essen, macht das sicher nichts. Noch besser ist es, ihnen so viel leckeres Gesundes anzubieten, daß sie von selbst nicht den Wunsch nach wertloser Nahrung verspüren.

In erster Linie geht es dabei um den allgegenwärtigen Zucker. Damit ist nicht der natürliche Zuckergehalt von Lebensmitteln gemeint, zum Beispiel im Obst, sondern isolierter Zucker. Kein Zweifel: Zucker schadet – den Zähnen und dem Appetit auf andere Nahrungsmittel. Weißer Zucker ist eine reine Chemikalie, und was ihn von fast allen Lebensmitteln unterscheidet, ist das nahezu vollständige Fehlen essentieller (lebensnotwendiger) Inhaltsstoffe. Im Gegensatz zu anderen kohlenhydratreichen Lebensmitteln wie Getreideprodukten, Kartoffeln, Obst und Gemüse ist Zucker ein reiner Kalorienträger und sonst nichts. Um Kohlenhydrate verwerten zu können (Vollkornbrot ebenso wie Zucker), benötigt der Körper Vitamin B 1. Da aber Zucker überhaupt nichts enthält, müssen andere Nahrungsmittel das zu seinem Abbau notwendige Vitamin B 1 liefern; Vollkornbrot dagegen enthält selbst reichlich Vitamin B 1.

Kinder sind nicht unwesentlich am hohen durchschnittlichen Zuckerverbrauch von etwa 100 g pro Tag und Person in der Bundesrepublik beteiligt. Nicht nur Süßigkeiten, Kekse und Gebäck enthalten Zucker, sondern auch Getränke, Ketchup, Toastbrot und viele andere Fertigwaren. Zucker bewirkt einen schnellen Anstieg der Blutzuckerkurve mit Leistungssteigerung, danach aber einen genauso schnellen Leistungsabfall und Hungergefühl, also muß wieder Schokolade oder Cola her und so weiter. Insofern kann Zucker zu Übergewicht beitragen, nicht nur durch direkte Umwandlung von zuviel gegessenem Zucker in Körperfett, sondern eben auch durch eine allgemeine Appetitsteigerung. Nicht alle Menschen reagieren so auf Zuckergenuß, andere wieder haben gar keinen Appetit, wenn sie Süßigkeiten gegessen haben. Jeder weiß von

Kindern, die ihr Mittagessen nicht mehr mögen, wenn sie zwischendurch genascht haben. Appetitlosigkeit kann allerdings auch andere Gründe haben: eine Krankheit kündigt sich an oder eine Krankheit ist noch nicht ganz überwunden, seelische Belastung, unregelmäßige und zu große Mahlzeiten, das Kind ist morgens noch nicht ganz wach; häufig haben auch Einzelkinder wenig Appetit. Einem Kind, das keinen Appetit hat, soll man nicht etwa zuckerhaltige Süßigkeiten geben, »damit es überhaupt etwas ißt«. Man muß versuchen (auch mit Hilfe des Arztes), die Ursachen herauszufinden. Solche Kinder haben fast immer noch ein Verlangen nach frischem Obst. Das sollte man ihnen dann auch geben und außerdem für eine entspannte Atmosphäre sorgen, für Bewegung und Spiel in frischer Luft, für Kindergesellschaft beim Essen (bei Einzelkindern).

Ebenso wie Überfütterung vermieden werden soll, ist auch regelrechte Magersucht ein ernstes Problem, das ärztlicher Behandlung bedarf, denn die körperliche und geistige Leistungsfähigkeit kann dadurch in Mitleidenschaft gezogen werden. Außer den oben angeführten Ursachen kann eine einseitige Ernährung schuld sein (auch eine einseitige Rohkosternährung!). Abwechslungsreiche Vollwertkost ohne weißen Zucker, mit regelmäßigen Mahlzeiten ist für beides, Über- und Untergewicht, eine wichtige Voraussetzung zur Besserung. Einseitigkeit erzieht auch zu »Problemessern«, bei denen später jeder Gastgeber nervös oder verärgert wird, wenn er die lange Liste der Speisen hört, die derjenige nicht mag. Abwechslung auf dem Speisezettel ist eine Garantie, daß man von allen Nährstoffen, Vitaminen, Mineralstoffen und Spurenelementen genug bekommt. Sie ist außerdem Voraussetzung für einen normalen Appetit.

Appetitverderbende oder -steigernde Zwischenmahlzeiten lassen sich durch gesunde Vollwertmahlzeiten ebenfalls weitgehend vermeiden. Bei uns war es immer so, daß Reste vom Mittagessen gut erreichbar in der Küche stehenblieben. Bis zum Abend war meist nichts mehr übrig, diese »Zwischenmahlzeiten« richteten keinerlei Schaden an. Abwechslungsreich und gesund ernährte Kinder haben viel weniger Verlangen nach allerlei Nascherelen zwischendurch. Um Kinder daran zu gewöhnen, ist schon eine gewisse Konsequenz notwendig.

Eintönigkeit kann auch entstehen, wenn man sich ständig von den Launen der Kinder tyrannisieren läßt. »Was auf den Tisch kommt, wird gegessen«, das gilt immer noch, nur: es muß nicht alles aufgegessen werden, denn die Menge bestimmt jeder selbst.

Sinngemäß trifft alles, was über den weißen Zucker gesagt wurde, auch auf das weiße Mehl zu. Die Wirkungen sind hier nicht ganz so kraß, aber auch das weiße Mehl wurde von den meisten wertvollen »Begleitstoffen« befreit. Es enthält zwar immer noch Mineralstoffe und Eiweiß, aber frisch gemahlenes Vollkornmehl hat unvergleichlich viel mehr davon (dazu B-Vitamine und Ballaststoffe).

Ein weiterer »weißer Feind«, der unseren Kindern schadet, ist das Salz. Nicht das Salz an sich, sondern zuviel davon. Leider sind wir vom käuflichen Brot, von Wurst und Käse eine viel zu hohe »Reizschwelle«, was den salzigen Geschmack anbetrifft, gewohnt. Der Geschmack kleiner Kinder ist noch nicht so »verbildet«. Daran sollte man immer denken, wenn man für Kinder kocht. Natürliche Nahrungsmittel enthalten reichlich Mineralsalze, so daß viel weniger Kochsalz für die Zubereitung notwendig ist.

Bei der Frage, was Kindern schadet, dürfen die Zähne nicht unerwähnt bleiben.

Das natürliche Bedürfnis zu knabbern, kann mit rohem Gemüse und kräftigem Vollkornbrot befriedigt werden, das tut auch den Zähnen gut. Andere Zivilisationskrankheiten, wie Verstopfung, Anfälligkeit für Infekte, Konzentrationsschwäche, Allergien, werden sicher durch die ungesunde »Normalkost« begünstigt. Die Folgen einer falschen einseitigen Ernährung im Kindesalter zeigen sich nicht immer sofort, sondern oft erst viel später – allein schon dadurch, daß es Erwachsenen schwerfällt, falsche Ernährungsgewohnheiten zu ändern. Wir wollen aber für die Zukunft unserer Kinder nur das Beste, also sollten wir ihnen auch gute Ernährungsgewohnheiten anerziehen.

Was Kinder mögen

Kinder mögen vieles und möchten noch viel mehr, wie alle Eltern wissen. Das, was sie möchten, ist nicht immer identisch mit dem, was ihnen guttut, und deshalb kann man ihnen nicht alles gewähren. Aber vieles von dem, was sie mögen, entspringt noch einem natürlichen Instinkt für das Gesunde, Unverfälschte. Man kann diese ursprünglichen Neigungen gut ausnutzen, um Kinder vollwertig zu ernähren. Zum Beispiel mögen Kinder ausgesprochen gern Getreidebreie und Grützen (besonders aus Hirse oder Buchweizen). Das wissen nur leider viele Eltern nicht mehr und haben es deshalb nie probiert. Sie finden viele Grützenrezepte auf den Seiten 31–34. Übrigens schonen Sie Ihre Kraft, Ihre Haushaltskasse und Ihre Zeit mit diesen einfachen Gerichten. Kinder mögen Nudeln, Kartoffeln, knackiges rohes Gemüse und frisches Obst. All das möchten wir doch auch für sie.

Wir brauchen also gar nicht so sehr zu betonen, was alles nicht gesund und nicht gut ist, sondern ihnen vielmehr alles, was sie ohnehin schon gern mögen, regelmäßig und frisch »vor die Nase zu setzen«. Es sollte auch in ansprechender Form geschehen, denn Kinder essen gern »mit den Augen«; sie lieben »Essen mit Spaß«, also ab und zu auch eine lustige Überraschung. Kinder ab etwa zweieinhalb Jahren wollen sich ab und zu mal so richtig nach Herzenslust »vollessen«. Bei der nächsten Mahlzeit oder am nächsten Tag essen sie dann automatisch viel weniger, so daß der Ausgleich da ist. Diese Beobachtung (gelegentlicher sehr unterschiedlicher Kalorienmengen an verschiedenen Tagen) und die Aussage, daß das nicht schadet, findet man auch in Fachbüchern für Kinderernährung.

Was alle Kinder mögen und wonach sie immer wieder Verlangen haben (auch gesund ernährte Kinder), das ist etwas Süßes. Daß die Süße nicht von weißem Zucker herrühren sollte, darüber haben wir schon ausführlich gesprochen. Honig, Trockenfrüchte, Malzextrakt, Rübensirup, Ahornsirup, Apfel- und Birnendicksaft bieten sich als alternative Süßungsmittel an. Diese Produkte sind keine »reinen Chemikalien« wie der Zucker, sondern enthalten neben einem Wasseranteil noch Mineralstoffe, Vitamine und Fermente. Trotzdem sollten Sie Ihr Kind auch nach gesunden Süßigkeiten zum Zähneputzen anhalten. Einige Vertreter der Vollwertkost lehnen Süßes völlig ab, auch die genannten natürlichen Süßungsmittel, und machen damit die Vollwertkost bei Kindern häufig unbeliebt. Es ist sicher eine unnötige Härte, Süßes völlig zu verbieten. Den Appetit darauf kann man damit nicht unterbinden. Es sollte kein strenges Verbot geben, dafür aber ein gutes Angebot an gesunden Schleckereien und Backwerk, vor allem jedoch regelmäßige, abwechslungsreiche, kindgerechte und schmackhafte warme Mahlzeiten und ein reizvolles Schulfrühstück. Dazu kann man auch mit den Kindern sachlich über das Thema Zucker und weißes Mehl sprechen. Aber mit dieser Aufklärung sollte es so sein, wie mit dem gesunden Essen, sie sollte belehrend sein, aber nicht so schmecken.

Vor dem Kochen zu lesen

🏭 Dieses »Mühlensymbol« kennzeichnet alle Rezepte, für die Sie gemahlenes Getreide brauchen. Vollgetreide soll immer frisch gemahlen werden, denn sobald die Körner zerkleinert sind, beginnen wertvolle Bestandteile (Keimöl) zu oxydieren. Kleine Mengen Getreide kann man sich im Reformhaus oder Naturkostladen frisch mahlen lassen.

● Wertschonende Zubereitung ist sehr wichtig. Kochen Sie also Gemüse, Kartoffeln und so weiter in wenig Wasser und bei kleiner Hitze; Vitamine und Mineralstoffe werden bewahrt. Braten Sie vegetarische Speisen nicht so heiß, wie von Fleischgerichten gewohnt. Vermeiden Sie Obst und Gemüse aus Konserven (Hitzebehandlung, Salz- bzw. Zuckerzusatz); kaufen Sie in Ausnahmefällen Reformqualität.

● Verwenden Sie möglichst frische Kräuter; sie werden immer erst kurz vor der Zubereitung gewaschen und zerkleinert. Getrocknete Kräuter nur gerebelt (nicht pulverisiert) verwenden.

● Für die gesunde Kinderkost sind zur optimalen Versorgung mit Vitaminen (vor allem B, E, D), mit Eisen und Kalzium Weizenkeime, Edelhefeflocken, Milch und Quark äußerst wichtig. Wenn Ihr Kind eine Abneigung dagegen hat, kann man sie »untermogeln«, wie es viele meiner Rezepte zeigen.

● Bakterien können, besonders bei Kleinkindern, Ernährungsstörungen und Krankheiten hervorrufen. Hygiene in der Küche ist deshalb sehr wichtig (Händewaschen mit heißem Wasser und Seife vor dem Kochen, Abschmecken mit separatem Löffel). Auch sollen angerührte Teige und Mischungen mit Milch und Eiern nicht lange stehen bleiben.

Alle Rezepte dieses Buches sind, wenn nicht anders angegeben, für 4 Personen (zwei Erwachsene und zwei Kinder) berechnet.

Salate und Rohkost

»Mein Kind mag keinen Salat.« Diese Klage hört man häufig. Dabei liegt es meist gar nicht am Salat, sondern nur an der Sauce. Kinder haben noch nicht so abgestumpfte Geschmacksnerven, daß ihnen Rohkost oder Salat erst mit scharfen oder sauren Saucen schmeckt. Am liebsten mögen sie das Einfache, kaum Veränderte. Wie gern kommen sie in die Küche und naschen vom rohen Gemüse, das dort gerade vorbereitet wird. Möhren, Kohlrabi, geputzte Kohlstrünke, rohe Erbsen verzehren sie mit Wonne. Sie mögen also Rohkost – es kommt nur auf die Zubereitung an! Um die Forderung der Vollwertküche »etwas Rohes vor dem Gekochten« zu erfüllen, müssen es nur kleine Mengen sein, denn der kindliche Magen ist ja auch noch klein. Es kann gut gewaschenes, geputztes, grob zerkleinertes Gemüse wie Tomaten, Gurken, Möhren, Kohlrabi, rohe Blumenkohlröschen oder etwas Sauerkraut aus dem Reformhaus (milder Geschmack) sein oder vor einer süßen Hauptmahlzeit etwas rohes Obst. Für die ganz Kleinen wird alles feingerieben oder zerdrückt und auf alle groben Kohlarten noch verzichtet. Grüne Salate sollten natürlich auch nicht fehlen, besonders Endivien-, Zuckerhut- (Zichorienart), Chicorée-, Acker- und Feldsalat und roher Spinat, die viel gesünder, mineralstoff- und vitaminreicher sind als der allgegenwärtige Kopfsalat. Die Kinderportion machen Sie bitte getrennt an (oder vielleicht gewöhnen Sie sich auch wieder an das Einfache?) mit ganz simplen Saucen. Hier einige Beispiele:

Einfache Salatsaucen

● 2 Eßlöffel Joghurt mit 3 Eßlöffeln Sahne und 1 Eßlöffel Honig verrühren.
● 4 Eßlöffel saure Sahne mit 1 Eßlöffel Honig verrühren.

● 2 Eßlöffel Joghurt mit 1 Eßlöffel Öl und 2 Teelöffeln Honig verrühren.
● 3 Eßlöffel Sahnequark mit 1 Teelöffel Öl, 1 Teelöffel Senf, 1 Teelöffel Honig und ¼ Teelöffel Kräutersalz verrühren (für rohen Spinat oder Kohlrabirohkost).
● 3 Eßlöffel Sahne, 3 Eßlöffel Joghurt, 2 Eßlöffel feingeriebene Haselnüsse und 1 Eßlöffel Honig zusammen fein mixen.

Statt Honig können Sie in allen Saucenrezepten auch Friate (Apfeldicksaft) verwenden. Das schmeckt manchen Kindern noch besser. Reichlich feingehackte frische Kräuter wie Dill, Schnittlauch, Petersilie oder Zitronenmelisse machen den Salat noch reizvoller.

Probieren Sie aus, mit welcher Sauce der Salat bei Ihren Kindern am besten »rutscht«. Rezepte sind hier nicht nötig. Es folgen aber noch einige »Spezialrezepte«, mit denen Sie sicher auch die letzten kleinen »Salatmuffel« begeistern werden.

Möhrensalat mit Rosinen

Bild Seite 17

50 g dunkle Rosinen · 2 Eßl. Kokosflocken · ⅛ l Wasser · 250 g Möhren · 1 Eßl. Friate (Apfeldicksaft)

Pro Portion etwa 405 Joule/95 Kalorien
Zubereitungszeit: 15 Minuten
Quellzeit: 30 Minuten

Die Rosinen und die Kokosflocken in eine Schüssel füllen. Das Wasser aufkochen und darübergießen. Die Schüssel zudecken und etwa 30 Minuten stehenlassen. ● Inzwischen die Möhren waschen, putzen und feinraspeln. Die Möhrenraspeln und die Friate unter die gequollenen Rosinen und Kokosflocken mischen.

Salate und Rohkost

Paßt gut zu: Kartoffelpuffern (Rezept Seite 56), Kartoffelplätzchen (Rezept Seite 51), Bio- oder Haferburgern (Rezepte Seite 37, 39) oder Soja-Hafer-Omelettes (Rezept Seite 48).

Variante: Bananensalat
Wenn Sie statt der Möhren 2 Bananen schälen, in Scheiben schneiden und mit 2 Eßlöffeln Sahne sowie 1 Messerspitze Zimtpulver unter den Salat mischen, haben Sie einen Bananensalat. Er paßt ebenfalls zu Kartoffelpuffern oder Soja-Hafer-Omelettes.

Tip: Mit frisch geschrotetem Getreide oder mit Getreideflocken und/oder Nüssen gemischt, wird daraus übrigens ein feines Müsli.

Obstsalat

Wenn Gemüserohkost nicht immer so richtig »rutschen« will, dann geben Sie Ihren Kindern die Rohkost ab und zu als Obstsalat.

2 reife Birnen · 2 Bananen · 100 g frische oder tiefgefrorene Himbeeren · 3 Eßl. Sahne · 1–2 Teel. Honig

Pro Portion etwa 665 Joule/160 Kalorien (mit 1 Teel. Honig)
Zubereitungszeit: 10 Minuten (tiefgefrorene Himbeeren zuvor etwa 2 Stunden auftauen lassen)

Die Birnen waschen (eventuell schälen, falls sie harte Schalen haben), längs vierteln, vom Kernhaus befreien und in feine Scheibchen schneiden. Die Bananen schälen und in dünne Scheiben schneiden. Die zerkleinerten Birnen und Bananen in einer Schüssel mit den Himbeeren, der Sahne und dem Honig mischen (die Himbeeren

dürfen dabei ruhig zerfallen, so geben sie mehr Aroma). Den Salat etwas durchziehen lassen.

Varianten: Der obige zarte Salat schmeckt auch Kleinkindern. Ebenfalls mild ist eine Mischung aus geschälten, gewürfelten Pfirsichen, Erdbeeren und Ananaswürfeln (frisch oder ungesüßt in Reformqualität aus der Dose). Für etwas größere Kinder sind der Phantasie dann keine Grenzen gesetzt; man kann zum Beispiel Äpfel, Bananen und Mandarinenspalten oder Orangen (quer in dünne Scheiben geschnitten) oder entkernte halbierte Weintrauben, Äpfel und Birnen mischen und wie oben als Salat anmachen.

Süßer Sauerkrautsalat

Rohes Sauerkraut sollte, zumindest im Winter, auch auf dem Kinderteller nicht fehlen. Es ist ein vorzüglicher Vitamin-C-Spender und dank seiner Ballaststoffe sowie seiner Milchsäure gesund für den Darm. Mit Ananas und Fenchelsamen schmeckt es fein und wird gut vertragen.

375 g mildes, rohes Sauerkraut (Reformhaus) · das Weiße von 1 Stange Lauch/Porree (50–75 g) · 1 kleine Dose ungesüßte Ananas (Reformhaus, 227 g), ersatzweise 2 süßlich-aromatische rote Äpfel · 6 Eßl. Sahne · 2–3 Teel. Honig · ¼–½ Teel. gemahlene Fenchelsamen · 1 Teel. feingeschnittene Petersilie oder Schnittlauch

Pro Portion etwa 505 Joule/120 Kalorien (mit 2 Teel. Honig)
Zubereitungszeit: 10 Minuten
Marinierzeit: 15 Minuten

Das Sauerkraut feinschneiden und in eine Schüssel geben. Das weiße Lauchstück in Ringe

schneiden (die grünen Blätter für eine Gemüsebrühe verwenden). Die Ananasscheiben zerkleinern und mit dem Saft (oder die geraspelten Äpfel) sowie die Lauchringe zum Sauerkraut geben. • Die Sahne, den Honig, die gemahlenen
Fenchelsamen sowie die Kräuter darübergeben
und alles gründlich mischen. Den Salat etwa
15 Minuten durchziehen lassen; nochmals mischen.

Paßt gut zu: Backkartoffeln (Rezept Seite 55)
oder Kartoffelplätzchen (Rezept Seite 51) oder
zu Buchweizengrütze (Rezept Seite 34).

Roter Salat

Manche Mütter versuchen vergeblich, ihrem
Kind die so gesunden roten Rüben (Beten) »na-
hezubringen«. Eigenartigerweise essen diese
Kinder aber meist ganz gern den Rote-Rüben-
Salat aus dem Glas. Dieser enthält jedoch meist
zuviel Zucker und Essig. Pikant muß allerdings
auch der selbstgemachte Salat sein, damit der
Nachwuchs ihn mag.

*375 g rote Rüben/Beten · 375 g Kartoffeln ·
375 g säuerliche Äpfel · 2 Eßl. Apfelessig ·
2 Eßl. Wasser · je 2 Eßl. süße und saure Sahne ·
2 Teel. Senf · 2 Teel. Honig · je 1 Messerspitze
gemahlener Ingwer, gemahlene Nelken und
gemahlenes Piment · 2 Schalotten, ersatzweise
kleine Zwiebeln · 1 Eßl. feingehackter Dill oder
1 Teel. getrocknete Dillspitzen*

Pro Portion etwa 820 Joule/195 Kalorien
Vorbereitungszeit: 15 Minuten
Garzeit: 40–70 Minuten je nach Größe und Alter
der roten Rüben
Marinierzeit: 1 Stunde

Die roten Rüben, zur Hälfte mit Wasser bedeckt
in 40–70 Minuten weich kochen. Die Kartoffeln
mit der Schale separat garen oder während der
letzten 30 Minuten auf die roten Rüben legen
und so dämpfen. Inzwischen die Äpfel waschen,
vierteln, vom Kernhaus befreien und in kleine
Würfel oder Scheibchen schneiden (nur schälen, wenn sie harte Schalen haben). • Aus dem
Essig, dem Wasser, der süßen und der sauren
Sahne, dem Senf, dem Honig und den Gewürzen mit dem Schneebesen eine Salatsauce rühren. Die Schalotten schälen, feinschneiden und
zusammen mit dem Dill zur Sauce geben. • Die
fertig gegarten roten Rüben und Kartoffeln mit
kaltem Wasser abschrecken, schälen, vierteln
oder achteln, quer in feine Scheibchen schneiden und zusammen mit den zerkleinerten
Äpfeln unter die Salatsauce mischen. Den Salat
etwa 1 Stunde durchziehen lassen.

Varianten: Noch gesünder wird der Salat mit
1–2 Teelöffeln frisch geriebenem Meerrettich
(das mögen aber leider nicht alle Kinder). •
Milder schmeckt der Salat, wenn Sie zusätzlich
½ Becher saure Sahne einmischen.

Tomatenmännchen

Das ist eine lustige, erfrischende Vorspeise an
heißen Tagen oder ein »Blickfang« fürs Kinderfest. Zur Abwechslung können Sie den Bauch
der Männchen ein anderes Mal auch mit Hirserührei (Rezept Seite 37) füllen.

*4 Fleischtomaten (von je 150–200 g) · 1 kleine
frische Gurke oder 1 Stück Salatgurke (etwa*

Kinder mögen Rohkost häufig lieber süß. In diesem
Möhrensalat liefern die Rosinen und der Apfeldicksaft
die natürliche Süße. Rezept Seite 14.

100 g) · ½ Teel. Kräutersalz · eventuell wenig frisch gemahlener schwarzer Pfeffer · 2 Eier · ½ Teel. Agar Agar · je 1 Teel. feingeschnittener Dill und Schnittlauch · etwas Petersilie

Pro Portion etwa 360 Joule/85 Kalorien
Zubereitungszeit: 30 Minuten

Die Tomaten waschen und jeweils oben einen Deckel abschneiden. Die Früchte und den Deckel aushöhlen. • Das ausgehöhlte Fruchtfleisch kleinschneiden. Die Gurke in kleine Würfel schneiden. Die Tomaten- und Gurkenstückchen in einen kleinen Topf geben, mit dem Kräutersalz und eventuell etwas Pfeffer bestreuen und etwa 15 Minuten stehenlassen. Inzwischen die Eier hartkochen (10 Minuten), dann mit kaltem Wasser abschrecken. • Das Agar Agar gleichmäßig über das Gemüse streuen und darunterrühren. Alles langsam erhitzen, bis es dampft (bei etwa 60°). Den Topf vom Herd nehmen und zugedeckt 5 Minuten stehenlassen. Den Dill und den Schnittlauch unterrühren. • Die ausgehöhlten Tomaten mit dem Gemüse bis zum Rand füllen.

Tomatenmännchen machen zwar ein wenig Mühe, dafür sind sie aber ein so lustiger »Salat«, daß sicher jedes Kind begeistert zugreifen wird.

◁ Die Piperade stammt aus dem Baskenland und ist ein sommerliches Gemüsegericht. Rezept Seite 28.

len. Die Eier schälen und quer halbieren. Die Eihälften mit den Schnittflächen nach unten auf die gefüllten Tomaten verteilen. Für das »Gesicht« von jedem Tomatendeckel einen schmalen, etwa 1 cm langen Streifen abschneiden. In die Eihälften mit dem Küchenmesser je 3 kleine Einschnitte machen (für den Mund und die Augen). Die Tomatenstreifen in den unteren Einschnitt drücken (Schale nach außen). Sehr kleine Petersilienblättchen mit der Spitze des Küchenmessers in die Augenschlitze stecken. In die Tomatendeckel ebenfalls je einen kleinen Einschnitt machen und einen kleinen Petersilienstengel als »Feder« hineinstecken. Diese »Hüte« so auf die »Köpfe« setzen, daß der hintere Rand auf der gefüllten Tomate aufliegt.

Gurkenschiffe

Die Gurkenschiffe passen gut aufs »kalte Buffet« bei einem Kinderfest. Sie schmecken natürlich auch als Mittagessen, etwa mit Kartoffelpüree.

Zutaten für 6 »Schiffe«:
50 g Hirse · ½ gestrichener Teel. Meersalz · 2 Messerspitzen Delikata · 2 Messerspitzen getrocknetes, gerebeltes Basilikum · ¼ l Wasser · 100 g frische oder tiefgefrorene grüne Erbsen · 3 Eier · 3 kleine Salatgurken oder mittelgroße Schmorgurken (pro Stück etwa 250 g) · 250 g Tomaten · 100 g Goudakäse · 1 Eßl. geschmacksneutrales Öl, zum Beispiel Sojaöl · 1 Eßl. feingeschnittener Schnittlauch
Zum Garnieren: 6 Knabberstangen (Rezept Seite 85), ersatzweise Salzstangen · 3 große Scheiben Emmentaler Käse

Pro Stück etwa 785 Joule/185 Kalorien (ohne Garnitur)

Salate und Rohkost

Vorbereitungszeit: 40 Minuten
Garzeit: 35 Minuten

Die Hirse mit dem Salz, dem Delikata und dem Basilikum mischen und mit dem Wasser 15 Minuten zugedeckt bei kleiner Hitze kochen lassen. Die Erbsen zufügen und weitere 10 Minuten mitkochen. • Den Topf vom Herd nehmen und den Inhalt weitere 10 Minuten zugedeckt ausquellen lassen. • Inzwischen die Eier mit kaltem Wasser bedeckt zum Kochen bringen, 6 Minuten kochen lassen, dann mit kaltem Wasser abschrecken. Die Gurken längs halbieren und mit einem Teelöffel gut aushöhlen (das Ausgehöhlte für eine Suppe oder ein Gemüse verwenden). Die Tomaten waschen, vom Stielansatz befreien und in Scheiben schneiden. Den Käse in kleine Würfel schneiden. Die Eier schälen und in Scheiben schneiden. • Die Tomatenscheiben, Käsewürfel und Eischeiben zusammen mit dem Öl und dem Schnittlauch unter die ausgequollene Hirse mischen. Diesen Salat in die ausgehöhlten Gurken

Je kleiner die Gurken sind, um so hübscher lassen sich die »Schiffe« füllen. Die Käsescheiben müssen dünn sein, damit die »Segel« nicht zu schwer werden.

füllen. • Je 1 Knabberstange in die Mitte der Füllung vorsichtig, aber fest und aufrecht hineinstecken. Die Käsescheiben diagonal durchschneiden und je ein Käsedreieck mit der spitzen Seite nach oben auf den Knabberstangen befestigen, so daß es wie ein Segel aussieht (dazu ein Loch im Käse benutzen oder einen kleinen Einschnitt machen). • Die Gurkenschiffe ißt man am besten aus der Hand.

Tip: Auf einer Kinderparty passen Brötchenfrösche (Rezept Seite 78) dazu. • Die Füllung kann auch allein als delikater Salat zubereitet werden; er sieht sehr appetitlich aus und schmeckt zum Beispiel als Abendessen gut.

Räuber-Salat 🔥

750 g Kartoffeln · 300 g frische oder tiefgefrorene grüne Erbsen · 2 Schalotten oder kleine Zwiebeln · 2 gestrichene Teel. gekörnte Gemüsebrühe
Für die Sauce: 50 g Tomatenmark · 1 Eßl. Honig · ½ Eßl. Vollsojamehl · 1 gestrichener Eßl. frisch gemahlenes Weizenvollkornmehl · 2 Teel. Sojasauce · ¼ Teel. edelsüßes Paprikapulver · je 1 Messerspitze Piccata und Curry · 1 Messerspitze getrockneter, gerebelter Oregano · ¼ Tasse Obstessig · ⅛ l Wasser Außerdem: 2 Eßl. geschmacksneutrales Öl · etwas frisch gemahlener weißer Pfeffer · eventuell 1 Eßl. Obstessig

Pro Portion etwa 1180 Joule/280 Kalorien
Vorbereitungszeit: 20–25 Minuten
Garzeit: etwa 45 Minuten
Marinierzeit: etwa 1 Stunde

Die Kartoffeln mit der Schale in wenig Wasser oder in Dampf garen (das dauert etwa 30 Minuten, kleine Kartoffeln sind schneller gar), mit kaltem Wasser abschrecken, heiß schälen, würfeln und in eine Schüssel füllen. • Den Kartoffeltopf sauber spülen und die Erbsen mit ⅛ l Wasser darin in 5–10 Minuten garen. • Die Schalotten schälen, feinschneiden und zusammen mit der gekörnten Brühe über die Kartoffeln geben. Die Erbsen mit der Kochflüssigkeit darüberschütten. • Die »Ketchup«-Sauce nach dem Rezept auf Seite 62 zubereiten. • Die Sauce über die Kartoffeln und Erbsen gießen. Das Öl dazugießen und alles gründlich mischen. Den Salat mit etwas frisch gemahlenem Pfeffer und eventuell mit etwas Essig abschmecken. • Etwa 1 Stunde durchziehen lassen.

Bunter Körnersalat

Dieses herzhafte Gericht kann an heißen Tagen eine vollständige Mittagsmahlzeit sein oder sonst ein Abendessen. Vom Winter bis zum Frühjahr nehmen Sie besser Tomatenmark statt der zu dieser Jahreszeit geschmack- und wertlosen Tomaten. Mit Tomatenmark schmeckt der Salat auch warm. Kinder ab 2–3 Jahren können ihn gut vertragen.

200 g Grünkern · gut ½ l Wasser · 3 gestrichene Teel. gekörnte Gemüsebrühe · 500 g frische oder tiefgefrorene grüne Bohnen · 500 g Tomaten, ersatzweise 50 g Tomatenmark · 4 Schalotten oder kleine Zwiebeln · 2 Eßl. geschmacksneutrales Öl · Saft von ½–1 Zitrone · etwa 1 Teel. Kräutersalz · etwas frisch gemahlener schwarzer Pfeffer · 2 Eßl. feingeschnittener Schnittlauch · je 1 Teel. feingehacktes Basilikum und Bohnenkraut oder je ½ Teel. getrocknete, gerebelte Kräuter

Pro Portion etwa 1235 Joule/295 Kalorien
Vorbereitungszeit: 5 Minuten (am Abend zuvor) und 10 Minuten
Quellzeit: etwa 12 Stunden (über Nacht)
Garzeit: 30 Minuten

Am Abend zuvor den Grünkern mit dem Wasser und der gekörnten Brühe in einem großen Topf einmal aufkochen und über Nacht zugedeckt stehenlassen. • Am nächsten Tag den Grünkern mit dem Einweichwasser wieder zum Kochen bringen. Frische grüne Bohnen waschen, putzen und in etwa 3 cm lange Stücke schneiden. Die frischen oder tiefgefrorenen Bohnen auf die Körner schütten und alles zusammen in etwa 30 Minuten garen. Wenn keine frischen Kräuter zur Verfügung stehen, das getrocknete Basilikum und Bohnenkraut mitkochen. • Inzwischen die Tomaten waschen, vom Stielansatz befreien und in Spalten oder Scheiben schneiden. Die Schalotten oder Zwiebeln schälen und quer in dünne Scheiben schneiden. Von den fertig gegarten Körnern und Bohnen eventuell noch vorhandene Kochflüssigkeit abgießen. • Die Körner und das Gemüse in eine Schüssel füllen, dazu die zerkleinerten Tomaten (oder das Tomatenmark und ½ Tasse Wasser) und die Zwiebelringe. Frisches Basilikum und Bohnenkraut sowie den Schnittlauch zufügen. Das Öl, den Zitronensaft, das Kräutersalz und etwas Pfeffer nach Geschmack unter den Salat mischen. • Den Körnersalat mindestens 5 Minuten durchziehen lassen.

Für den Suppenkaspar

»Meine Suppe eß ich nicht, nein, meine Suppe eß ich nicht . . .« Wenn die Suppe damals die täglich wiederkehrende warme Mahlzeit war und die Worte »Phantasie« und »Abwechslung« auch noch nicht zum Küchenlatein gehörten, kann man dann dem Suppenkaspar seine standhafte Weigerung wohl übelnehmen? Inzwischen sind Suppen längst nicht mehr täglicher Magenfüller oder obligatorische Vorspeise. Ergänzt mit Frischkost zuvor und einem gesunden Dessert danach, kommt die vollwertige Suppe hin und wieder als Hauptmahlzeit auf den Tisch, auch mal als Vorsuppe, als kräftiges Frühstück oder als leichtes Abendessen. Suppen aus Vollgetreide, Soja und/oder Gemüse sättigen anhaltend.

Guten-Morgen-Suppe 🥄

An kalten Tagen sorgt diese warme, kräftige Frühstückssuppe aus vier Getreidearten für einen guten Start.

¾ l Wasser · je 1 gehäufter Eßl. Weizen, Roggen, Nacktgerste und Nackthafer · 200 g saure Sahne (10% Fett) · 2 gestrichene Teel. gekörnte Gemüsebrühe oder 1 gestrichener Teel. Meersalz · 1 Eßl. feingehackte Petersilie

Pro Portion etwa 475 Joule/115 Kalorien
Zubereitungszeit: 10 Minuten

Das Wasser zum Kochen bringen. Das Getreide mittelgrob mahlen. Das Schrot langsam in das kochende Wasser einstreuen, dabei gleichzeitig mit dem Schneebesen umrühren. Die Suppe 5 Minuten auf kleiner Hitze kochen lassen. • Den Topf vom Herd nehmen. Die saure Sahne mit dem Schneebesen unter die Suppe rühren, mit der Gemüsebrühe oder dem Salz abschmecken und die Petersilie daruntermischen.

Variante: Süße Frühstückssuppe
Eine süße Version der Suppe schmeckt ähnlich wie Kruska (das mögen nicht alle Kinder, also probieren). 4 Eßlöffel gemischte, feingehackte Trockenfrüchte (Rosinen, Feigen, Aprikosen, Pflaumen und/oder Korinthen) und die abgeriebene Schale von ½ Zitrone (Schale unbehandelt) zum kalten Wasser geben, aufkochen. Den Schrot einrühren wie oben und die Suppe mit süßer Sahne und Honig abschmecken.

Gemüsecremesuppe 🥄

500 g Gemüse (Blumenkohl, Broccoli oder Kohlrabi, auch gemischt, oder junge grüne Erbsen oder 450 g Möhren und 50 g frische Champignons) · ¾ l Wasser · ¼ l Milch · ½ Bund Petersilie · 2 gehäufte Eßl. Weizen · 50 g Sahne · 2–3 Teel. Kräutersalz
Für Blumenkohl-, Broccoli- oder Kohlrabicremesuppe außerdem: 1 Eigelb · 1 Messerspitze geriebene Muskatnuß

Pro Portion etwa 680 Joule/160 Kalorien
Vorbereitungszeit: etwa 10 Minuten
Garzeit: etwa 15 Minuten

Das Gemüse waschen, putzen, grob zerkleinern und in dem Wasser in etwa 15 Minuten weich kochen. • Das Gemüse mit einem Schaumlöffel herausheben und in den Mixer füllen. Die Milch dazugießen und die gewaschene Petersilie unzerkleinert dazugeben. Alles zusammen feinmixen. • Den Weizen mehlfein mahlen und mit etwas Wasser glattrühren. Die Gemüsebrühe im Topf wieder aufkochen und das Angerührte mit einem Schneebesen hineinrühren. Die Suppe etwa 2 Minuten kochen lassen. Den Topf vom Herd nehmen, das feingemixte Gemüse dazugießen, den Mixer mit der Sahne ausspülen und diese

Für den Suppenkaspar

ebenfalls in den Topf gießen. Die Suppe mit dem Kräutersalz abschmecken. • Blumenkohl-, Broccoli- oder Kohlrabicremesuppe zusätzlich mit 1 Eigelb legieren (das Eigelb in einer Tasse mit einigen Eßlöffeln Suppe anrühren, das Angerührte in die Suppe gießen und umrühren) und mit Muskat abschmecken.

Minestrone

Bild Umschlag-Rückseite

½ Tasse weiße Bohnenkerne · 1¾ l Wasser · 4 gestrichene Teel. gekörnte Gemüsebrühe · 1 große Zwiebel · 2 Knoblauchzehen · 2 Möhren (etwa 200 g) · 1 kleiner Zucchino (etwa 200 g) · 1 kleine Stange Lauch/Porree (etwa 100 g) · 1 gelbe Paprikaschote · 200 g frische oder tiefgefrorene grüne Bohnen · 2 Eßl. Olivenöl · 2 Eßl. Butter · 2 Eßl. Tomatenmark · 1 Teel. feingehacktes Basilikum, notfalls getrocknetes, gerebeltes Basilikum · 100 g Vollkornnudeln, zum Beispiel Hörnchen · 2 Eßl. feingehackte Petersilie · 100 g frischer Parmesankäse

Pro Portion etwa 1490 Joule/355 Kalorien
Quellzeit: etwa 12 Stunden (über Nacht)
Vorbereitungszeit: etwa 25 Minuten
Garzeit: 1 Stunde

Die weißen Bohnen mit ¼ l Wasser über Nacht quellen lassen. • Am nächsten Tag das Einweichwasser abgießen und die Bohnen mit ¾ l frischem Wasser und 2 Teelöffeln gekörnter Brühe 50 Minuten zugedeckt bei kleiner Hitze kochen lassen. • Inzwischen die Zwiebel und die Knoblauchzehen schälen, feinschneiden und beiseite stellen. Die Möhren waschen, putzen und würfeln. Den Zucchino vom Stengel- und Blütenansatz befreien und grobwürfeln. Die

Lauchstange putzen, längs halbieren, gründlich, auch zwischen den Blättern, waschen und quer in feine Streifen schneiden. Die Paprikaschote längs vierteln, waschen, vom Stengelansatz und den Kernen befreien und quer in Streifen schneiden. Frische grüne Bohnen von den Stengelansätzen und den Spitzen befreien und in 1 cm lange Stücke schneiden. • Das Olivenöl und die Butter in einem großen Topf erhitzen. Die Zwiebel- und Knoblauchwürfel darin glasig braten. Das vorbereitete Gemüse (Tiefkühlbohnen gefroren) zufügen und im offenen Topf unter öfterem Wenden bei mittlerer Hitze etwa 10 Minuten garen.
¾ l Wasser dazugießen, 2 Teelöffel gekörnte Gemüsebrühe, das Tomatenmark und das Basilikum zufügen und das Gemüse zugedeckt in etwa 30 Minuten bei kleiner Hitze weich kochen. • Wenn die weißen Bohnen etwa 50 Minuten gekocht haben, die Nudeln zufügen und noch 10 Minuten mitkochen lassen. • Den Inhalt beider Töpfe zusammenschütten. Die Minestrone eventuell mit etwas gekörnter Brühe abschmecken und die Petersilie unter die nicht mehr kochende Suppe mischen. Den Parmesankäse feinreiben und zur Suppe servieren; jeder streut sich bei Tisch nach Belieben Käse auf die Suppe.

Varianten: Je nach Gemüsevorrat im Garten oder Kühlschrank können Sie variieren, zum Beispiel etwas rustikaler mit Sellerie, Wirsing, Möhren, Lauch und Erbsen. • Oder Sie können Naturreis statt Nudeln nehmen. Der Reis muß jedoch 40 Minuten mit den weißen Bohnen mitgekocht werden.

Tip: Getrocknete Kräuter sollten Sie nie pulverisiert, sondern »gerebelt« kaufen und diese dann, wenn Sie sie an die Speise geben, noch zwischen den Fingerspitzen zerreiben. So entfaltet sich das Aroma am besten.

Drei-Farben-Suppe 🝐

Wenn die Suppe rot, gelb und grün aus dem Teller lacht und herzhaft duftet, dann kann kein Suppenkaspar mehr widerstehen.

Für die Klößchen: 100 g Vollsojamehl ·
1 gestrichener Teel. Kräutersalz · je ½ Teel.
Kurkuma und Delikata · ½ Teel. feingehacktes
oder getrocknetes, gerebeltes Basilikum ·
3 Eier · 1 l Wasser · 1 gestrichener Teel.
Kochsalz
Für die Suppe: 1 Zwiebel · 1 Knoblauchzehe ·
2 Eßl. Olivenöl · 1 l Wasser · 1 Dose
Tomatenmark (70 g) · 4 Eßl. Grünkern ·
2 gestrichene Eßl. Vollsojamehl · 1 gestrichener
Teel. edelsüßes Paprikapulver · 1 Teel.
feingehacktes oder getrocknetes, gerebeltes
Basilikum · 1 gestrichener Eßl. gekörnte
Gemüsebrühe · 300 g frische oder tiefgefrorene
grüne Erbsen · 2 Eßl. feingeschnittener
Schnittlauch

Pro Portion etwa 1575 Joule/375 Kalorien
Vorbereitungszeit: 15 Minuten
Quellzeit: 15 Minuten
Garzeit: 10 Minuten

Für die Klößchen das Sojamehl mit dem Kräutersalz, dem Kurkuma, dem Delikata und dem Basilikum mischen und mit den Eiern gründlich verrühren, so daß eine glatte Paste entsteht. Die Masse mindestens 15 Minuten quellen lassen. • Für die Suppe die Zwiebel und die Knoblauchzehe schälen, feinschneiden und in dem Olivenöl in einem großen Topf glasig braten. Inzwischen 1 Liter Wasser mit dem Tomatenmark verrühren. Den Grünkern mittelfein schroten. Den Grünkernschrot, das Sojamehl, das Paprikapulver und das Basilikum mit dem Tomatenmarkwasser verquirlen und zu den Zwiebelwürfeln in den Topf gießen. Die gekörnte Brühe und die Erbsen zufügen und die Suppe 10 Minuten auf kleiner Hitze zugedeckt kochen lassen. • Für die Klößchen inzwischen 1 Liter Wasser mit dem Salz zum Kochen bringen. Aus der Sojamasse mit zwei Teelöffeln kleine Klößchen abstechen und im sprudelnd kochenden Salzwasser 10 Minuten garen. • Die fertigen Sojaklößchen mit einem Schaumlöffel herausheben und in die Tomatensuppe geben. Einen Teil des Schnittlauchs unter die Suppe mischen und den Rest daraufstreuen.

Gemüse, das schmeckt

Kinder müssen ausreichend Gemüse essen. So manches Drama am Familientisch hat sich schon an dieser anerkannten Notwendigkeit entzündet. Aber muß das wirklich sein? Kann man es ihnen verdenken, daß sie Gemüse nicht mögen, wenn sie als Babys und Kleinkinder nur den Geschmack von sterilisiertem, totgekochtem Gemüse aus dem Glas kennengelernt haben? Hinzu kommt in einem gewissen Alter (zwischen 2 und 3 Jahren) eine Phase, die wohl alle Kleinkinder einmal durchmachen. Sie denken sich offenbar: »Warum soll ich Gemüse essen, wenn ich doch auch von Schokolade, Kuchen und Fleisch ganz gut satt werde?« Vermutlich wollen sie dabei einfach probieren, wie weit sich die Mutter manipulieren läßt. Eine gewisse Konsequenz ist jetzt unbedingt notwendig: »Gut, wenn du es jetzt nicht magst, ißt du es eben später.« Bis »später« darf es dann aber nichts, gar nichts anderes geben! Sie werden sehen, wie schnell Kinder bald Gemüse mögen, ja sogar Berge davon vertilgen.

Erste Voraussetzung für diese Methode ist allerdings, daß es sich wirklich um Gemüse handelt und nicht um die aroma- und fehlerlose Supermarktware gleichen Namens. Man mag gegen Gemüse aus biologischem Anbau vorbringen, was man will, der bessere Geschmack ist ein sicherer Beweis und ein unfehlbarer Prüfstein für die »biologische« Qualität. Kinder sind kleine Feinschmecker, und wenn sie fades, lieblos zubereitetes oder totgekochtes Gemüse nicht mögen, kann man ihnen das wirklich nicht verdenken.

Zweite Voraussetzung für die konsequente Erziehung zum Gemüseessen ist, daß es sich nicht gerade um eine Sorte handelt, gegen die ein offenkundiger starker Widerwille besteht. Einige wenige solcher Ausnahmen muß man jedem Menschen zugestehen. Oft verliert sich die Abneigung mit zunehmendem Alter. Jugendliche akzeptieren später auch Meerrettich, Sellerie oder Rettich, die sie als Kinder absolut nicht essen mochten.

Um Ihren Kindern Gemüse schmackhaft zu machen, lohnt sich schon etwas Mühe. Im folgenden finden Sie eine Reihe von Kinder-Lieblingsgemüsen in kindgerechter Zubereitung. Am allerliebsten mögen Kinder jedoch das Einfachste, und das sollten Sie ihnen oft kochen: frisches, aromatisches Gemüse, sauber gewaschen und geputzt, grob zerkleinert und in wenig Wasser oder in Dampf »mit Biß« gegart (also nicht zu lange gekocht). Auf dem fertigen Gemüse lassen Sie etwas Butter zerlaufen und überstreuen das Ganze reichlich mit frischen Kräutern. Dazu gibt es eine Getreidegrütze oder Kartoffeln.

Gemüsetopf »Schneewittchen«

Blumenkohl und Kohlrabi zählen bei Kindern zu den beliebtesten Gemüsesorten. Besonders die Blätter enthalten viel Kalzium, das für den Aufbau von Knochen und Zähnen wertvoll ist. Sie sind daher zu schade zum Wegwerfen und werden im folgenden Rezept mitverwendet.

100 g getrocknete Kichererbsen · ¾ l Wasser · 1 mittelgroßer Kohlrabi mit Grün (etwa 250 g) · ½ mittelgroßer Kopf Blumenkohl (etwa 250 g) oder etwa 500 g von einer der beiden Gemüsesorten · 1–2 Teel. Kräutersalz · 250 g Kartoffeln · 2 Eßl. Weizen · 1 Eßl. Hirse · 2 Messerspitzen geriebene Muskatnuß · ¼ l Milch · 50 g Sahne · 2 Eßl. feingehackte Petersilie · eventuell ¼ Teel. Delikata

Pro Portion etwa 1155 Joule/275 Kalorien
Quellzeit: etwa 12 Stunden (über Nacht)
Vorbereitungszeit: 20 Minuten
Garzeit: 45 Minuten

Gemüse, das schmeckt

Die Kichererbsen über Nacht in ½ l Wasser quellen lassen. ● Am nächsten Tag das Einweichwasser abgießen und die Kichererbsen, mit frischem Wasser bedeckt, in etwa 45 Minuten weich kochen. ● Inzwischen den Kohlrabi von schlechten Blättern befreien, die übrigen Blätter mit den Stielen waschen und feinschneiden. Den Kohlrabi schälen und in Stifte schneiden. Den Blumenkohl in Röschen zerteilen, in Salzwasser waschen, die zarten Blätter vom Kohlkopf ebenfalls waschen und feinschneiden. Große Blumenkohl-

Wenn man den Blumenkohl vor dem Garen in Röschen teilt, wird er gleichmäßiger und schneller gar. Den zarten Teil vom Strunk kann man kleinschneiden und mitgaren.

röschen halbieren oder vierteln. Die Kartoffeln schälen und je nach Größe längs vierteln oder achteln. Alles Gemüse mit dem Grün und den Kartoffelstücken in einem großen, weiten Topf mit ¼ l Wasser zugedeckt in etwa 15 Minuten auf kleiner Hitze garen. ● Den Weizen mit der Hirse zu mittelfeinem Schrot mahlen, mit dem Muskat und der Milch glattrühren. Das gegarte Gemüse mit einem Kochlöffel etwas beiseiteschieben, das Angerührte in den Topf gießen, gut umrühren und alles noch 2–3 Minuten kochen lassen. ● Die gegarten Kichererbsen abtropfen lassen und mit der Sahne zum Gemüse geben. Das Gemüse mit Kräutersalz abschmecken und die Petersilie

zufügen. ● Für größere Kinder und Erwachsene nach Wunsch mit Delikata abschmecken. Sollte die Sauce zu dick sein, können Sie noch etwas Milch zufügen.

Das paßt dazu: beliebiger grüner Salat.

Tip: Noch feiner wird der Eintopf, wenn man die Kartoffeln separat mit der Schale gart, heiß schält, längs viertelt oder achtelt und dann zum Gemüse gibt.

Winter-Gemüse 🦞

Rote Rüben/Beten sind in der Kinderernährung eigentlich ein »Muß«. Vor allem steigern sie die Abwehrkräfte gegen Erkältungen, was gerade für unsere heute so anfälligen Kinder wichtig ist. Wie schwierig es aber häufig wird, dieses Gemüse dem Nachwuchs »schmackhaft« zu machen, wissen viele Mütter. Mit dem folgenden Rezept haben Sie sicher Erfolg, vor allem, wenn es dazu die beliebten Rösti (Rezept Seite 52) gibt – und wenn Sie in Gegenwart Ihrer Kinder die Bezeichnung rote Rüben/Beten vermeiden! Ein rotes »Winter-Gemüse« ist ja auch viel lustiger.

500 g rote Rüben/Beten · ½ l Wasser · 1 Teel. Kümmel · 2 gestrichene Teel. gekörnte Gemüsebrühe · 2 Schalotten oder kleine Zwiebeln · 2 Eßl. geschmacksneutrales Öl · 2 Eßl. Buchweizen oder 3 gestrichene Eßl. Buchweizenmehl · ¼ l Milch · 100 g Doppelrahm-Frischkäse · 2 Teel. Honig · 1 Eßl. feingehackte Petersilie · eventuell 1 Dose Sandwichcreme mit Pilzen (80 g, Granovita)

Pro Portion etwa 1100 Joule/260 Kalorien
Vorbereitungszeit: 15 Minuten
Garzeit: 50–80 Minuten

Gemüse, das schmeckt

Die Rüben vorsichtig waschen und dabei die Schale nicht verletzen. Bei Rüben mit Blättern den Blattschopf 2 cm von der Knolle entfernt abschneiden (nicht direkt an der Knolle, sonst verlieren sie kostbaren Saft). Die Knollen mit dem Wasser in 40–70 Minuten garen (je nach Größe, Sorte und Alter des Gemüses). • Die fertig gegarten Rüben mit kaltem Wasser gründlich abschrecken und etwas abkühlen lassen, dann schälen und grob raspeln (mit der groben Reibscheibe oder -trommel der Küchenmaschine oder von Hand mit einem groben Reibeisen). Die Raspel mit dem Kümmel und der gekörnten Brühe mischen. • Die Schalotten oder Zwiebeln schälen und feinschneiden. Das Öl in einem großen Topf erhitzen und die Zwiebelwürfel darin glasig braten. • Inzwischen den Buchweizen mehlfein mahlen. Das Buchweizenmehl mit der Milch verquirlen, in den Topf gießen und unter Rühren etwa 2 Minuten kochen lassen. Den Frischkäse und den Honig in einem Teller mit einer Gabel zerdrücken und mischen, zur Sauce geben und gut umrühren, bis sich der Käse aufgelöst hat. • Die gewürzten Gemüseraspel zusammen mit ¾ der Petersilie unter die Sauce mischen. Sollte das Gemüse etwas zu »fest« sein, etwas Milch zufügen. Mit der restlichen Petersilie bestreuen. • Noch feiner schmeckt das Winter-Gemüse mit Pilz-Sandwichcreme. Die Creme in Flöckchen zufügen, den Topf zudecken und nach ein paar Minuten umrühren.

Tip: Sollten die roten Rüben in dieser Form nicht gleich problemlos gegessen werden, variieren Sie etwas, zum Beispiel mit Wasser statt Milch oder ohne Zwiebeln und Öl, dafür aber mit Sandwichcreme, bis Sie den Geschmack Ihrer kleinen Feinschmecker getroffen haben.

Nußmöhren

Bild Umschlag-Vorderseite

500 g Möhren · 50 g Haselnüsse · 2 Eßl. Weizen oder Dinkel · ¼ Teel. Anissamen · ¼ l Milch · 50 g Doppelrahm-Frischkäse · 1 Teel. Honig oder Malzextrakt · ½ Teel. Meersalz · 1 Eßl. feingehackte Petersilie

Pro Portion etwa 1040 Joule/250 Kalorien
Vorbereitungszeit: 25 Minuten
Garzeit: 15 Minuten

Die Möhren waschen, putzen, grob würfeln und in wenig Wasser bei kleiner Hitze in etwa 15 Minuten garen. • Inzwischen die Haselnüsse grob raspeln. Den Weizen oder Dinkel mit dem Anis mehlfein mahlen (oder gemahlenen Anis verwenden). Die Milch in einen Topf gießen und das Mehl mit einem Schneebesen in die Milch quirlen. Die Mischung unter Rühren aufkochen. Den Frischkäse in Flöckchen zufügen und alles noch 1–2 Minuten kochen, bis der Käse sich aufgelöst hat. Den Topf vom Herd nehmen. • Von den gegarten Möhren restliches Kochwasser abgießen. Unter die Käsesauce den Honig oder das Malz, das Salz, die Petersilie und die Nüsse rühren. Die Möhren zuletzt untermischen.

Paßt gut zu: Nudeln, Kartoffelpüree oder zu Haferburgern (Rezept Seite 39).

Varianten: Gut schmeckt dieses Gericht auch mit Blumenkohl statt mit Möhren. • Es wird zur sättigenden Hauptmahlzeit, wenn Sie die Möhren durch 750 g geschälte, gewürfelte Kartoffeln ersetzen, diese in wenig Wasser mit etwas Meersalz garen und statt Anis Fenchelsamen verwenden. Grüner Salat oder Gemüserohkost ergänzen die »Nußkartoffeln«.

Gemüse, das schmeckt

Piperade

Bild Seite 18

1 große Zwiebel (etwa 100 g) ·
4 Knoblauchzehen · 4 Eßl. Olivenöl ·
2 gelbe Paprikaschoten (etwa 200 g) ·
500 g Fleischtomaten · 4 Eier · 1 gestrichener
Teel. Kräutersalz · 1 Teel. feingehacktes
Basilikum, notfalls getrocknetes, gerebeltes
Basilikum · 2 Eßl. feingehackte Petersilie

Pro Portion etwa 890 Joule/215 Kalorien
Vorbereitungszeit: 25 Minuten
Garzeit: etwa 20 Minuten

Die Zwiebel schälen, längs halbieren und quer in
feine halbe Ringe schneiden. Die Knoblauchzehen schälen und feinschneiden. Das Olivenöl
in einer großen oder in zwei Pfannen erhitzen,
die Zwiebelringe und den Knoblauch darin bei
kleiner Hitze langsam glasig braten. • Die Paprikaschoten längs halbieren, waschen, von den
Kernen und dem Stengelansatz befreien und
quer in feine Streifen schneiden. Die Tomaten
waschen, vom Stielansatz befreien, längs halbieren und quer in dünne Scheiben schneiden. Zuerst die Paprikastreifen, darüber die Tomatenscheiben gleichmäßig auf den Zwiebeln verteilen. Das Gemüse bei kleiner Hitze zugedeckt in
etwa 15 Minuten weich dünsten. • Inzwischen
die Eier mit dem Kräutersalz, dem Basilikum und
der Petersilie verquirlen. Die Eimasse gleichmäßig über das gegarte Gemüse gießen und in
2–3 Minuten zugedeckt stocken (festwerden)
lassen.

Das paßt dazu: helles oder dunkles Vollkornbrot, Vollkornnudeln oder Kartoffelpüree
(Rezept Seite 49).

Laubfrösche

Diese Spinatrouladen mit dem lustigen Namen
sind eine schwäbische Spezialität – in vegetarischer Abwandlung. So schmeckt Spinat Ihren
Kindern bestimmt. Sollte trotzdem etwas übrig
bleiben: Spinat darf wegen seines Nitratgehaltes
auf keinen Fall aufgewärmt werden!

Zutaten für 10 »Laubfrösche«:
1 Stange Lauch/Porree · 2 Eßl. Butter · 1 Tasse
Hirse · 1½ Tassen Wasser · 2 gestrichene Teel.
gekörnte Gemüsebrühe · ½ Teel. Delikata ·
1 Tasse Milch · 500 g großblättriger, frischer
Spinat · 1 Messerspitze geriebene Muskatnuß ·
2 Eier

Pro Stück etwa 820 Joule/195 Kalorien
Vorbereitungszeit: 20 Minuten
Garzeit: 40 Minuten

Die Lauchstange längs halbieren, gründlich waschen, putzen und quer in feine Streifen schneiden. 1 Eßlöffel Butter in einem kleinen Topf zerlaufen lassen, den Lauch zufügen und 3–4 Minuten zugedeckt andünsten, dabei gelegentlich
wenden. • Die Hirse, das Wasser, die gekörnte
Brühe und das Delikata zum Lauch geben und
alles zugedeckt bei kleiner Hitze 10 Minuten kochen lassen. Die Milch dazugießen. Alles weitere
10 Minuten kochen lassen. • Inzwischen den
Spinat waschen und putzen. 30 große Blätter
heraussuchen und von den Stielen befreien. Je
3 Blätter etwas gefächert übereinanderlegen.
Den restlichen Spinat feinschneiden und unter
die gegarte Hirse mischen. Das Muskat und die
Eier ebenfalls darunterrühren. • Je 1 Eßlöffel Hirsemasse auf 3 Spinatblätter geben. 1 Eßlöffel
Butter in einer großen Pfanne zerlaufen lassen.
Die Spinatblätter seitlich über der Füllung ein-
schlagen, dann vorn und hinten über die Füllung
klappen. Die »Laubfrösche« mit der glatten Seite

Gemüse, das schmeckt

nach oben in die Pfanne legen. Etwas Wasser (etwa ½ Tasse) dazugießen und die Spinatpäckchen zugedeckt bei kleiner Hitze 15 Minuten garen.

Das paßt dazu: Salat aus Wildkräutern oder aus Spinat, mit Radieschen gemischt.

Zuckermais mit Kräuterbutter

Ein Vergnügen, das Sie Ihren Kindern von August bis November ab und zu gönnen sollten; so lange nämlich sind Zuckermaiskolben aus dem Inland frisch auf dem Markt.

8 Zuckermais- oder junge Maiskolben · 2 l Wasser · 2 gestrichene Teel. Koch- oder Meersalz · 100 g weiche Butter · 1 gestrichener Teel. Kräutersalz · 2 Eßl. beliebige feingeschnittene, gemischte Gartenkräuter, wie Petersilie, Dill, Schnittlauch, Liebstöckel und Majoran

Pro Stück mit Kräuterbutter etwa 975 Joule/ 230 Kalorien
Vorbereitungszeit: 10 Minuten
Garzeit: 30–60 Minuten (je nach Reifegrad)

Die Maiskolben von allen äußeren Blättern und Fäden befreien. Das Wasser mit dem Koch- oder Meersalz zum Kochen bringen. Die Maiskolben darin 30–60 Minuten kochen lassen, bis die Körner weich sind. • Inzwischen die Butter mit dem Kräutersalz und den Kräutern gründlich verrühren und kühl stellen. • Die fertig gegarten Maiskolben abtropfen lassen und zusammen mit der Kräuterbutter servieren. Beim Essen streicht sich jeder nach Belieben Kräuterbutter auf die Kolben. Man hält die Kolben an beiden Enden mit den Fingern fest und knabbert die Körner ab.

Kichererbsen-Sprossen-Gemüse

200 g getrocknete Kichererbsen · ½ Teel. Meersalz · 1 Lorbeerblatt · 1 Zwiebel · 2 Eßl. Butter · 1 Möhre (etwa 100 g) · 100 g frische oder tiefgefrorene grüne Erbsen · etwa 200 g frische Sojasprossen · 2 Eßl. Sojasauce · 1 Eßl. feingehackte Petersilie

Pro Portion etwa 1185 Joule/280 Kalorien
Quellzeit: etwa 12 Stunden (über Nacht)
Vorbereitungszeit: 15 Minuten
Garzeit: etwa 40 Minuten

Am Abend zuvor die Kichererbsen mit gut ½ Liter Wasser in einen Topf geben und zugedeckt über Nacht quellen lassen. • Am nächsten Tag das Einweichwasser abgießen und die Kichererbsen mit gut ½ Liter frischem Wasser, dem Meersalz und dem Lorbeerblatt in etwa 40 Minuten zugedeckt bei kleiner Hitze weich kochen. • Nach etwa 20 Minuten die Zwiebel schälen und würfeln. Die Butter in einem anderen Topf zerlaufen lassen und die Zwiebelwürfel darin glasig braten. Inzwischen die Möhre waschen, putzen und feinwürfeln. Die Möhrenwürfel und die Erbsen zu den Zwiebelwürfeln geben und das Gemüse etwa 5 Minuten zugedeckt bei kleiner Hitze dünsten. • Die Sojasprossen gründlich waschen und in einem Sieb abtropfen lassen. Die Sprossen und die Sojasauce in den Topf zum Möhrengemüse geben. Bei mittlerer Hitze etwa 5 Minuten zugedeckt und weitere 5 Minuten im offenen Topf garen. • Sobald die Kichererbsen weich sind, diese auf einem Sieb abtropfen lassen. Das Lorbeerblatt entfernen und die Kichererbsen unter das fertige Gemüse mischen. Den Topf vom Herd nehmen und die Petersilie unterheben.

Paßt gut zu: Kartoffelpüree (Seite 49, 50).

Gemüse, das schmeckt

Blattspinat

Dieses Rezept ist das schnellste, unkomplizier-teste Spinatrezept und in dieser Form mögen ihn sogar die meisten Kinder gern.

1 kg Spinat · ¼ l Wasser · 1–2 Eßl. gekörnte Gemüsebrühe · 100 g Sahne

Pro Portion etwa 545 Joule/130 Kalorien
Vorbereitungszeit: 10 Minuten
Garzeit: 10 Minuten

Den Spinat gründlich waschen und verlesen, das heißt von allen unansehnlichen Blättern und Stengeln befreien. Die Blätter mit dem Wasser in einen großen Topf füllen und knapp 10 Minuten kochen, bis sie zusammengefallen und eben gar sind. Den Spinat auf einem Sieb oder Durch-schlag abtropfen lassen, auf einem Schneidbrett grob zerschneiden und in einer Servierschüssel mit der gekörnten Brühe und der Sahne sorgfäl-tig mischen.

Das paßt dazu: Kartoffelpüree (Rezepte Seite 49, 50), Rösti (Rezept Seite 52) oder Kartoffel-plätzchen (Rezept Seite 51).

Schweizer Karottenmus

500 g Karotten oder Möhren · 750 g Kartoffeln · 100 g Sahne · 1 gestrichener Teel. Kräutersalz · 1 Eßl. feingehackte Petersilie

Pro Portion etwa 1400 Joule/330 Kalorien
Vorbereitungszeit: 20 Minuten
Garzeit: 30 Minuten

Die Karotten waschen, putzen, in Würfel schnei-den und mit wenig Wasser in 30 Minuten weich

kochen. • Die Kartoffeln dünn schälen, waschen, würfeln und in einem zweitem Topf in wenig Was-ser in etwa 20 Minuten ebenfalls garen. Die wei-chen Karotten mit einem Kartoffelstampfer zu Mus zerdrücken oder durch ein Passiergerät rühren. Von den gegarten Kartoffeln eventuell noch vorhandene Kochflüssigkeit abgießen und die Kartoffeln ebenfalls zu Mus verarbeiten. Das Karottenmus und das Kartoffelmus zusammen in eine vorgewärmte Schüssel füllen, die Sahne da-zugießen und alles mit einem Schneebesen oder mit einem elektrischen Rührbesen rasch cremig schlagen. Das Mus mit dem Kräutersalz ab-schmecken und zum Schluß die Petersilie unter-mischen.

Das paßt dazu: Rührei, Bioburger (die halbe Menge vom Rezept Seite 37) oder Haferburger (die halbe Menge vom Rezept Seite 39) und etwas Rohkost zuvor.

Tip: Erwachsene können nach Wunsch mit etwas frisch gemahlenem weißem Pfeffer nach-würzen (notwendig ist das nicht, aber so wäre es »originaler«). Wie bei Kartoffelpüree ist am Schluß schnelles Arbeiten notwendig und mög-lichst eine vorgewärmte Schüssel zum Servie-ren.

Feines aus Getreide

Getreide ist die Nummer 1 in der Vollwertküche. Daß Brot und Gebäck aus vollem Korn gesund sind, ist inzwischen allgemein bekannt. Daß man mit Getreide aber auch ganz vorzügliche Speisen kochen kann, ist vielen noch nicht so geläufig. Dabei ist es gar nicht so lange her (etwa 200 Jahre), daß sich auch Europa hauptsächlich von Getreidegrütze und Getreidebrei ernährte, wie heute noch viele Völker der übrigen Welt. Manche Großeltern erinnern sich an Hafer- und Hirsebrei, Gersten- und Buchweizengrütze ihrer Kinderzeit. Ausschließlich zur »Grützennahrung« wie in früherer Zeit brauchen wir nicht zurückzukehren, aber wir sollten ihren Wert wieder anerkennen. Die folgenden Rezepte zeigen, wie gut Vollkorngerichte schmecken können, so gut, daß Fleischgerichte gar nicht vermißt werden. Man fühlt sich hinterher viel wohler als nach »bürgerlicher Küche«, weil die Verdauung weniger belastet ist und die einzigartige Nährstoffzusammensetzung des vollen Korns eine gleichmäßige Energiekurve garantiert.

Für Kinder gibt es keine bessere Ernährung als diese Vollwertkost. Leider wurde im Laufe der letzten Jahrzehnte vergessen, wie gern Kinder Getreidegrützen essen, wie gut sie damit gedeihen und wie praktisch und zeitsparend man sie zubereiten kann. Im Anschluß an die Getreidegrützen-Grundrezepte finden Sie in diesem Kapitel eine Reihe von Getreide-Rezepten, die Ihnen zeigen, wie gut man mit Weizen, Roggen, Hafer, Reis und anderen Getreidearten kochen kann.

Getreidegrützen 🌾

Schon aus dem Märchen kennen wir den »Teller Grütze« als Inbegriff der nahrhaften Speise. Bei unseren Vorfahren gehörte die Getreidegrütze oder der Getreidebrei zur täglichen Ernährung wie heute noch der Reis in Asien. In den Küchen rund um das Mittelmeer finden wir sie heutzutage ebenso wie im slawischen Raum (Kascha, die russische Buchweizengrütze), doch nur die Maisgrütze ist als Polenta auch bei uns zum Begriff geworden.

Dabei ist Getreide in dieser Form gerade für Kinder – ebenso wie für ältere Menschen – am bekömmlichsten. Grützen sind zum Beispiel ideale Frühstücksgerichte (vor allem für Schüler), denn sie belasten nicht, sättigen anhaltend und enthalten viele Mineralstoffe (»Gehirnnahrung«). Für berufstätige Mütter, die ihren Kindern kein warmes Mittagessen zubereiten können, sind Grützen eine praktische Sache; man braucht morgens nur 5 Minuten für die Vorbereitung, damit mittags eine warme Grütze in der Kochkiste bereitsteht. (Grütze ist die Ausnahme: ihr schadet Warmhalten nicht, denn es handelt sich hier weniger ums Warmhalten als ums langsame Ausquellen.) Natürlich sollte es nicht jeden Tag mittags Grütze geben, denn eine ständige Wiederholung verleidet jedem auch das beste Gericht. Hirse- und Buchweizengrütze sind bei Kindern im allgemeinen am beliebtesten. Diese Getreidearten enthalten auch die meisten Mineralstoffe. Wenn Ihr Kind Grützen nicht pur essen will, lassen sie sich, mit einfachen Zutaten vermischt, reizvoller machen.

Jede Getreideart hat ihren charakteristischen Geschmack. Grützen aus »gedarrtem« Getreide schmecken noch feiner und sind noch bekömmlicher. Es gibt sie als »Thermo-Grütze« im Reformhaus oder Naturkostladen. Auch Bulgur aus der türkischen Küche ist eine leicht verdauliche vorgegarte Grütze aus Weizen. Sie können die Körner auch selbst darren (rösten). Weizen, Roggen, Gerste und Hafer sind geeignet: Die Körner waschen, im Sieb abtropfen lassen, auf ein Backblech flach ausbreiten und 30 Minuten lang bei 100–120° in den Backofen schieben. Abgekühlt lagern wie anderes Getreide und bei Bedarf frisch schroten.

Anmerkung: Grünkern ist gedarrter Dinkel. Im Handel wird das geschrotete Getreide als »Grütze« bezeichnet. Ich verwende den Begriff für die fertige Speise daraus.

Das Kochen von Getreidegrütze

● Alle Getreidearten werden mittelgrob bis grob geschrotet (Weizen, Dinkel, Roggen, Gerste, Hafer, Grünkern, Mais, Vollreis, Buchweizen) oder als ganze Körner (Buchweizen, Hirse) in Wasser angekocht und in Wärme langsam ausgequollen.
● Geschrotetes Getreide grundsätzlich in kochendes Wasser einstreuen, ganze Körner mit kaltem Wasser aufsetzen.
● Ißt Ihr Kind lieber Brei, dann mahlen Sie das

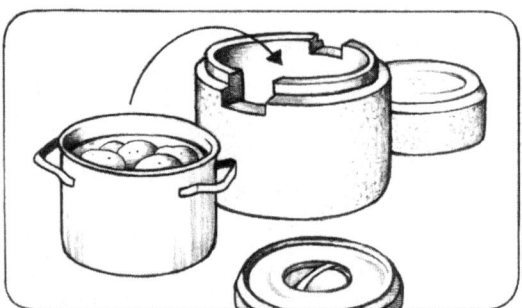

Die Spar-GarBox (siehe Seite 101) ist eine moderne »Kochkiste«. Sie besteht aus einer Styropor-Box mit Edelstahltopf und eignet sich zum energiesparenden Garen von Getreide.

Getreide feiner und nehmen etwas mehr Wasser.
● Zum Ausquellen ist eine »Kochkiste« ideal, zum Beispiel die Spar-GarBox (von SUS, im Haushaltwarengeschäft), eine Styroporbox mit dazu passendem Edelstahltopf. Neuerdings werden auch wieder richtige Kochkisten angeboten (in Naturkostläden und bei Versandfirmen erhältlich). Sie können aber auch, wie früher, den Topf in einige Decken einpacken.
● Wenn Grütze übrigbleibt, kann sie (als leichtes Abendessen mit Salat oder Gemüse) kalt in Scheiben aufgeschnitten und in der Pfanne gebraten werden. Oder man erwärmt sie in einem weiten Topf beziehungsweise einer Pfanne mit wenig Wasser; dabei mit einer Gabel zerdrücken und auflockern.
● Manchmal wird empfohlen, Buchweizen und Hirse vor dem Kochen zu brühen (mit kochendem Wasser gründlich überspülen), um so Bitterstoffe zu entfernen.
● Wenn Ihre Familie großen »Grützen-Appetit« hat, nehmen Sie bei den folgenden Rezepten statt 200 g Getreide 250 g und dazu ¾ Liter Wasser.
● Grütze wird am besten in nicht zu kleiner Menge gekocht. So spart man Energie und die Grütze wird schöner. Was übrigbleibt, ist eine gute Grundlage für ganz einfache, aber gute Mahlzeiten, die abwechslungsreich variiert werden können und schnell gehen.
● Kinder essen Grütze gern mit einem kleinen »Binnensee« von schmelzender Butter in der Mitte und einem »Meer« von Milch ringsum.

Feines aus Getreide

Weizen- oder Dinkelgrütze 🦾

200 g Weizen oder Dinkel · ½ und ⅛ l Wasser · ½ Teel. Meersalz

Den Weizen mittelgrob oder grob schroten. Das Wasser mit dem Salz zum Kochen bringen. Den Schrot langsam und gleichmäßig unter Rühren mit dem Schneebesen einstreuen. Die Grütze zugedeckt bei kleiner Hitze 5 Minuten kochen lassen. Den Topf in die Kochkiste stellen und die Grütze mindestens 90 Minuten ausquellen lassen.

Varianten: süß mit Honig oder Ahornsirup, mit beliebigen frischen Früchten und Milch oder Sahne. • Salzig mit in Butter gedünsteten Zwiebeln oder Möhrenraspeln oder mit geriebenen Nüssen oder Käse oder mit in Butter gedünsteten Champignonscheibchen, nach Geschmack mit Meersalz abgeschmeckt.

Tip: Aus einem Rest Grütze können Sie Frikadellen zubereiten. Mit geriebenen Nüssen und Käse, feingehackten Kräutern und 1 Ei mischen und langsam in Butter braten.

Roggengrütze 🦾

Mengen und Zubereitung wie Weizengrütze, jedoch je 1 Teelöffel Kümmel und Koriander mitschroten.

Varianten: süß mit Sirup und Sahne gemischt, dazu süße Kirschen oder Apfelmus. • Salzig mit in Olivenöl gebratenen Zwiebelringen mischen, dazu gedünsteten Lauch oder dünne Scheiben von roten Rüben/Beten (geschält, mit Meersalz und Kümmel bestreut, in Öl weichgedünstet) oder Sauerkrautsalat.

Gerstengrütze 🦾

Mengen und Zubereitung wie Weizengrütze.

Varianten: süß mit Malzextrakt und Honig zu gleichen Teilen, gemahlener Vanille und eventuell mit Rosinen oder Organenspalten gemischt, dazu Milch oder Sahne. • Salzig mit gekörnter Gemüsebrühe gewürzt, mit Zwiebelwürfeln und zerkleinertem Suppengrün, in Butter gedünstet, oder mit gedünsteten Erbsen gemischt.

Tip: Aus einem Rest Frikadellen zubereiten mit 1 Ei, frisch gemahlenem schwarzem Pfeffer, feingehackter Petersilie und Majoran. Die Frikadellen langsam in Butter braten.

Hafergrütze 🦾

Zubereitung wie Weizengrütze, jedoch für 200 g Hafer ¾ Liter Wasser nehmen. Vorsicht, Hafergrütze brennt leicht an!

Varianten: süß, mit Honig, Rosinen und Korinthen gemischt, mit Zimt abgeschmeckt, dazu Apfelmus und Milch oder Sahne. • Salzig mit gedünsteten Champignonscheibchen (in Butter mit Zwiebelwürfeln, gehackter Petersilie, wenig Meersalz, Pfeffer und Sahne 10–15 Minuten garen) oder Erbsen-Möhren-Gemüse gemischt.

Reisgrütze 🦾

aus Naturreis. Mengen und Zubereitung wie Weizengrütze, jedoch nach dem Ankochen gut umrühren, bevor der Topf in die Kochkiste kommt.

Varianten: süß mit Honig, Rosinen, in Butter gedünsteten Apfelstückchen und grob zerkleinerten Walnußkernen oder geschälten, gehackten

Mandeln gemischt, eventuell mit Zimt gewürzt, dazu Milch oder Sahne. • Salzig mit Butter oder Öl und reichlich feingehackten Kräutern (Dill sollte nicht fehlen) gemischt, mit gekörnter Gemüsebrühe abgeschmeckt, dazu Zucchini-, Gurken- oder Erbsengemüse.

Grünkerngrütze

Mengen und Zubereitung wie Weizengrütze. Als Quellzeit genügen 60 Minuten.

Varianten: mit gekörnter Gemüsebrühe abgeschmeckt, mit Zwiebelwürfeln und zerkleinertem Suppengrün (beides in Butter gedünstet) sowie Petersilie gemischt. Oder als Frikadellen mit Pilzpulver (Brecht), gekörnter Gemüsebrühe, reichlich feingehackter Zwiebel, gehackter Petersilie und 1 Ei vermengt, in Butter langsam gebraten.

Maisgrütze

250 g feiner oder grober Maisgrieß · 1 l Wasser · 1 gestrichener Teel. Meersalz

Zubereitung wie Weizengrütze. Bei feinem Maisgrieß genügt als Quellzeit 1 Stunde. Vorsicht, Maisgrütze brennt leicht an!

Varianten: süß mit feingeschnittenen Trockenfrüchten (Pflaumen, Feigen, Aprikosen, auch gemischt), unter die heiße Grütze gerührt, eventuell mit Honig gesüßt, dazu Milch oder Sahne. • Salzig mit einer Gabel gelockert und mit Käse und Schnittlauch gemischt. Oder mit gekörnter Gemüsebrühe abgeschmeckt, mit in Butter gedünsteten Zwiebelwürfeln, gedünsteten Paprikastreifen und eventuell gegarten grünen Bohnen gemischt.

Buchweizengrütze

400 g Buchweizen, ganze Körner oder »Buchweizengrütze« (im Handel) · 1 l Wasser · 1 gestrichener Teel. Meersalz

Zubereitung wie Weizengrütze, jedoch den Deckel während der Garzeit einen Spalt offen lassen, damit die Grütze nicht überkocht. Als Quellzeit genügen 30 Minuten.

Das paßt dazu: Lauchgemüse, Sauerkrautsalat, milchsauer eingelegte Gemüse, saure Sahne.

Hirsegrütze

250 g Hirse · ½ l Wasser · 1 Prise Meersalz · ¼ l Milch

Die Hirse ungeschrotet mit dem Wasser und dem Salz zum Kochen bringen und 10 Minuten garen. • Die Milch dazugießen, wieder aufkochen lassen und umrühren. Die Grütze 60 Minuten in der Kochkiste ausquellen lassen.

Varianten: süß mit Honig, gemahlener Vanille, etwas Sahne gemischt, dazu Erdbeeren oder Himbeeren. • Salzig mit gedünsteten Erbsen und Möhren, feingehackter Petersilie und etwas Butter, eventuell noch mit geriebenem Goudakäse gemischt. Oder mit gegarten Blumenkohlröschen und rohen Eiern gemischt, mit Salz und Muskat gewürzt, als Auflauf backen. Oder mit hartgekochten, gehackten Eiern, gedünsteten Möhrenwürfeln, feingehackter Petersilie, Meersalz und etwas Butter gemischt.

Gnocchi aus Vollkorn schmecken herzhaft. Tomatensauce gehört dazu. Rezept Seite 41. ▷

Variante: Hirserührei

400 g fertige Hirsegrütze mit 5 Eiern, 150 g Sahne, 1 gestrichenen Teelöffel Meersalz, ¼ Teelöffel Kurkuma, 1 Messerspitze geriebener Muskatnuß mischen. 2 Eßlöffel Butter in einer Pfanne zerlaufen lassen. Die Hirsemasse darin gut 5 Minuten unter öfterem Wenden stocken (fest werden) lassen. Mit 2 Eßlöffeln feingeschnittenem Schnittlauch mischen.

Tip: Bei Hirse kann die Wasseraufnahmefähigkeit unterschiedlich sein. Eventuell also nur ⅛ Liter Milch nehmen oder die Grütze 15 Minuten kochen lassen.

Bioburger 🦳

Die Bioburger sind mehr als »Ersatz« für die allgegenwärtigen Fast-Food-Hamburger. Die wohlschmeckenden, vegetarischen Burger sind eine gesunde Alternative.

Zutaten für 8 Stück:
gut ¼ l Wasser · 1 gestrichener Teel. gekörnte Gemüsebrühe · 100 g Weizen · 50 g Walnußkerne · 125 g Goudakäse · 2 gehäufte Eßl. Weizenkeime · 2 gehäufte Eßl. Edelhefeflocken · 2 gehäufte Eßl. Vollkornbrösel (Graham-Paniermehl) · 2 Eier · 1 Teel. feingehacktes Basilikum, notfalls getrocknetes, gerebeltes Basilikum · 1 Eßl. Sojasauce · 2 Teel. flüssiger Honig · etwa 2 Messerspitzen frisch gemahlener schwarzer Pfeffer
Zum Braten: 1 Eßl. Butter · 1 Eßl. geschmacksneutrales Öl

◁ Sommer-Risotto ist ein Eintopf, der viele wertvolle Inhaltsstoffe bietet. Rezept Seite 40.

Pro Stück etwa 925 Joule/220 Kalorien
Vorbereitungszeit: 15 Minuten
Quellzeit: mindestens 20 Minuten
Garzeit: 20 Minuten

Das Wasser mit der gekörnten Brühe zum Kochen bringen. Den Weizen zu grobem Schrot mahlen. Den Weizenschrot langsam in die kochende Brühe einstreuen, dabei umrühren. Die Weizengrütze 5 Minuten zugedeckt bei kleiner Hitze kochen lassen. Den Topf vom Herd nehmen und mindestens 20 Minuten zugedeckt stehenlassen. • Inzwischen die Nüsse und den Käse grobreiben. Die Weizenkeime, die Hefeflocken, die Brösel, die Eier, das Basilikum, die Sojasauce, den Honig, den Pfeffer, die Nüsse und den Käse mit dem ausgequollenen Schrot gründlich mischen. • Die Butter und das Öl in einer Pfanne erhitzen, mit angefeuchteten Händen aus dem Teig 8 Frikadellen formen und diese auf jeder Seite 7–8 Minuten knusprig goldbraun braten.

Das paßt dazu: Nudeln mit »Ketchup«-Sauce (Rezept Seite 62) und grüner Salat oder Räuber-Salat (Rezept Seite 20) oder Gemüse wie Nußmöhren (Rezept Seite 27), Erbsen mit Möhren, Blattspinat (Rezept Seite 30), Blumenkohl.

Varianten: 2 Eßlöffel feingehackte Petersilie unter den Teig mischen. • Auf die fertigen Bioburger je 1 dicke, kleine Scheibe Goudakäse legen, die Pfanne zudecken und noch einige Minuten weiterbraten, bis der Käse zerläuft. Einen Klecks »Ketchup«-Sauce (Rezept Seite 62) und etwas Petersilie kurz vor dem Servieren auf den Käse geben.

Bio-Mäc 🍴

Diese Variante der Bioburger ist gut für eine Kinderparty geeignet.

Zutaten für 12 Stück:
Für die Brötchen: 250 g Weizen · 25 g Vollsojamehl · 25 g Butter · ½ Würfel Hefe (20 g) ·
1 Eßl. Honig · gut ⅛ l lauwarme Milch
Für die Bioburger: gut ¼ l Wasser ·
1 gestrichener Teel. gekörnte Gemüsebrühe ·
100 g Weizen · 50 g Walnußkerne · 125 g
Goudakäse · 2 gehäufte Eßl. Weizenkeime ·
2 gehäufte Eßl. Edelhefeflocken · 2 gehäufte Eßl.
Vollkornbrösel (Graham-Paniermehl) · 2 Eier ·
1 Teel. feingehacktes oder getrocknetes,
gerebeltes Basilikum · 1 Eßl. Sojasauce · 2 Teel.
flüssiger Honig · etwa 2 Messerspitzen frisch
gemahlener schwarzer Pfeffer
Zum Braten: 1 Eßl. Butter · 1 Eßl. geschmacks-
neutrales Öl
Außerdem: etwa 8 Eßl. »Ketchup«-Sauce
(nach dem Rezept auf Seite 62) · 12 kleine
Scheiben Goudakäse · 2 Zwiebeln · etwas Essig-
wasser · 12 kleine oder halbe Salatblätter

Pro Stück etwa 1250 Joule/300 Kalorien
Vorbereitungszeit: 1 Stunde und 30 Minuten
Backzeit für die Brötchen: 20 Minuten bei 220°,
mittlere Schiene
Garzeit für die Bioburger: 20 Minuten

Nach dem Rezept auf Seite 86 einen Hefeteig zubereiten und gehen lassen. • Den Teig in 4 gleichgroße Teile und jedes Teil nochmal in 3 gleichgroße Stücke teilen. Aus jedem kleinen Teigstück eine Kugel formen und plattdrücken (etwa ½ cm dick). • Backen, wie auf Seite 86 für die Zwiebackbrötchen (einmal gebacken) angegeben. Die abgekühlten Brötchen quer durchschneiden. • Nach dem Rezept auf Seite 37 einen Teig für Bioburger herstellen. Aus dem Teig

12 gleichgroße, flache Frikadellen formen und wie im Rezept angegeben braten. Die Käsescheiben obenauf zerlaufen lassen, wie auf Seite 37 beschrieben. • Die Zwiebeln schälen, in dünne Ringe schneiden und in Essigwasser (1 Tasse Wasser, ½ Tasse Essig) etwa 1 Minute blanchieren, dann mit einem Schaumlöffel herausnehmen. • Die unteren Brötchenhälften mit je 1 Salatblatt belegen, je 1 Bioburger darauflegen, je etwa 2 Teelöffel »Ketchup«-Sauce darübergeben und die blanchierten Zwiebelringe darauf verteilen. Mit der zweiten Brötchenhälfte abdecken.

Tip: Die Bio-Mäcs sind wegen der vollwertigen Zutaten wesentlich sättigender als ihre »normalen« Verwandten. Kaum ein Kind oder Jugendlicher wird mehr als 2 Stück davon »verdrücken« können. Trotzdem sollten Sie nach Möglichkeit das ganze Rezept Brötchen (Seite 86) und »Ketchup«-Sauce (Seite 62) zubereiten. Die Brötchen kann man auch gut einfrieren oder Zwieback daraus backen. Die restliche »Ketchup«-Sauce hält sich in einem gut verschlossenen Gefäß, im Kühlschrank aufbewahrt, mindestens 5 Tage.

Mais-»Sandwiches«

Bild Umschlag-Rückseite

Sie sehen so bunt aus wie Sandwiches. Mit etwas grünem Salat ergänzt, sind sie jedoch eine vollständige, sehr sättigende Mahlzeit. Aus der Hand – wie belegte Brote – kann man sie nicht essen, Messer und Gabel gehören dazu. Kinder haben allerdings oft eigene Methoden.

Zutaten für 8 Mais-»Sandwiches«:
Für die Maisgrütze: 1 l Wasser · 1 gestrichener

Teel. Meersalz · 250 g feiner Maisgrieß
Für die Füllung: 2 Zwiebeln · 2 Eßl. Olivenöl ·
3 rote Paprikaschoten oder 2 rote und 1 grüne
Schote · 200 g gesalzener Schafkäse · 2 Eßl.
Butter · 8 Salbei- oder Pfefferminzblättchen
Für das Backblech: etwas Butter oder Margarine

Pro Stück etwa 1160 Joule/275 Kalorien
Quellzeit (am Tag zuvor): etwa 1 Stunde
Vorbereitungszeit: 30 Minuten
Garzeit: 15 Minuten
Backzeit: etwa 10 Minuten bei 200–220°, mittlere
Schiene

Am Tag zuvor die Maisgrütze, wie auf Seite 34 beschrieben, kochen und ausquellen lassen. Eine
Königskuchenform (Kastenform) mit Pergamentpapier oder Alufolie auslegen (eine Glas-
form nur mit Wasser ausspülen) und die heiße
Maisgrütze hineinfüllen, dabei fest zusammendrücken. • Am nächsten Tag die Grütze stürzen
und in 16 gleichmäßige Scheiben schneiden. Die
Zwiebeln schälen und in dünne Ringe schneiden. Das Olivenöl in einer Pfanne erhitzen und
die Zwiebelringe darin glasig braten. Die Paprikaschoten längs vierteln, von den Kernen und
den Stengelansätzen befreien und quer in dünne
Streifen schneiden, zu den Zwiebelringen geben
und zugedeckt in knapp 15 Minuten dünsten. •
Den Käse in 8 Scheiben von der Größe der Maisscheiben schneiden. Die Butter in einer zweiten
Pfanne erhitzen und die Maisscheiben darin von
beiden Seiten bei mittlerer Hitze kurz anbraten. •
Die Hälfte der gebratenen Maisscheiben auf ein
gefettes Backblech legen. Auf je 1 Scheibe 1 Kä-
sescheibe legen, die gedünsteten Paprikastreifen und Zwiebelringe darauf verteilen, mit je
1 Maisscheibe abdecken und jeweils ein Holz-
spießchen (Zahnstocher) durch die Mitte bis
aufs Backblech stechen, dabei je 1 Salbei- oder
Pfefferminzblatt mit aufspießen. Die Mais-»Sandwiches« auf die mittlere Schiene in den vorgeheizten Backofen schieben und bei 200–220°
überbacken, bis der Käse zerläuft (etwa 10 Minuten).

Tip: Der einheimische frische Schafkäse, der oft
auf Wochenmärkten angeboten wird, schmilzt
manchmal nicht. Mein Rezept wurde mit dem
überall erhältlichen korsischen Schafkäse aus-
probiert.

Haferburger

150 g feine Haferflocken · 2 gestrichene Eßl.
Vollsojamehl · 2 gehäufte Eßl. Weizenkeime ·
2 gehäufte Eßl. Edelhefeflocken · 1 Eßl. Butter ·
1 Eßl. Honig · ¼ l Milch · 200 g Möhren · 1 große
Zwiebel · 1 Eßl. feingehackte Petersilie ·
150 g Goudakäse · 2 Eier
Zum Braten: etwa 2 Eßl. Margarine oder Öl ·
2 Eßl. Butter

Pro Portion etwa 2300 Joule/500 Kalorien
Vorbereitungszeit: 20 Minuten
Bratzeit: 20 Minuten

Die Haferflocken mit dem Sojamehl, den Weizenkeimen und den Hefeflocken mischen. Die Butter und den Honig obenauf geben. Die Milch erhitzen und über die Flockenmischung gießen, alles verrühren und quellen lassen. • Inzwischen
die Möhren waschen, putzen und feinreiben. Die
Zwiebel schälen und feinschneiden. Oder Möhren, Zwiebel und Petersilie in einem elektrischen
Zerkleinerer feinhacken. Den Käse grobreiben.
Das zerkleinerte Gemüse und die Petersilie, den
geriebenen Käse sowie die Eier gründlich unter
die Haferflockenmischung rühren. • In zwei Pfannen je 1 Eßlöffel Margarine oder Öl und 1 Eßlöffel
Butter erhitzen. Vom Teig mit einem Eßlöffel
Häufchen in die Pfanne geben und etwas platt-

drücken. Die Haferburger von beiden Seiten je 10 Minuten bei kleiner Hitze zugedeckt braten.

Das paßt dazu: beliebige grüne Salate, Möhrensalat mit Rosinen oder Bananensalat (Rezepte Seite 14, 15).

Sommer-Risotto

Bild Seite 36

200 g Naturreis · ¼ l Wasser · 1 Zwiebel · 2 Eßl. geschmacksneutrales Öl · 500 g Zucchini · 500 g Tomaten · 2 gestrichene Teel. Kräutersalz · 1 Teel. feingehacktes oder getrocknetes, gerebeltes Basilikum · 300 g frische oder tiefgefrorene grüne Erbsen · ½ Teel. Curry · 100 g Doppelrahm-Frischkäse · 50 g geriebener Emmentaler Käse · 1 Eßl. Butter · je 1 Eßl. feingeschnittener Schnittlauch, Petersilie und Dill

Pro Portion etwa 2030 Joule/485 Kalorien
Quellzeit: etwa 12 Stunden (über Nacht)
Vorbereitungszeit: 30 Minuten
Garzeit: 30 Minuten

Am Abend zuvor den Reis mit dem Wasser in ein Gefäß füllen und zugedeckt über Nacht quellen lassen. (Falls es vergessen wurde, den Reis mindestens 1 Stunde vor dem Kochen mit dem Wasser einmal aufkochen und zugedeckt stehenlassen.) • Am anderen Tag die Zwiebel schälen und würfeln. Das Öl in einem großen Topf erhitzen und die Zwiebelwürfel darin glasig braten. Die Zucchini waschen, je nach Größe längs halbieren oder vierteln und quer in etwa ½ cm große Würfel schneiden. Die Zucchiniwürfel zur Zwiebel geben. Die Tomaten waschen, von den Stielansätzen befreien und je nach Größe vierteln

oder achteln. Die Tomatenstücke, den Reis mit dem Einweichwasser, das Kräutersalz und das Basilikum in den Topf geben, umrühren und alles zugedeckt bei kleiner Hitze 15 Minuten kochen lassen. • Die frischen oder tiefgefrorenen Erbsen zufügen und weitere 5 Minuten zugedeckt mitkochen. Den Risotto dann noch 10 Minuten im offenen Topf bei mittlerer Hitze garen, bis die meiste Flüssigkeit verdampft ist; dabei gelegentlich umrühren. • Den Topf vom Herd nehmen. Den Curry, den Frischkäse in Flöckchen, den geriebenen Käse, die Butter und die Kräuter gründlich unter den Risotto rühren, bis der Frischkäse sich aufgelöst hat.

Grüne Männchen im Gemüsegarten 🐟

*Zutaten für 8–10 »grüne Männchen«:
2 Eßl. geschmacksneutrales Öl · 1 Zwiebel · 1 Bund Suppengrün oder 1 kleines Päckchen tiefgefrorenes Suppengrün · ½ l Wasser · 4 gestrichene Teel. gekörnte Gemüsebrühe · eventuell 1 gestrichener Teel. gemahlene Pilze (Brecht) · 200 g Grünkern · 1 Eßl. feingehackte Petersilie · 750 g Tomaten · 3 Bunde Schnittlauch · 200 g Emmentaler Käse · eventuell etwas frisch gemahlener schwarzer Pfeffer
Für den »Gemüsegarten«: 1 Zwiebel · 1 Knoblauchzehe · 2 Eßl. Olivenöl · 500 g frische oder tiefgefrorene grüne Bohnen · 1 gestrichener Teel. Kräutersalz · 1 Messerspitze Piccata · 1 Eßl. feingehackte Petersilie*

Pro Stück etwa 2330 Joule/555 Kalorien
Vorbereitungszeit: 20 Minuten, tiefgefrorene Bohnen zuvor antauen lassen

Feines aus Getreide

Garzeit: 30 Minuten
Quellzeit: 30 Minuten

Für die »grünen Männchen« das Öl in einem kleinen Topf erhitzen. Die Zwiebel schälen, feinschneiden und in dem Öl glasig braten. Inzwischen das frische Suppengrün putzen und feinschneiden. Das vorbereitete oder das gefrorene Suppengrün zu den Zwiebelwürfeln in den Topf schütten und unter gelegentlichem Wenden 3–4 Minuten andünsten. • Das Wasser, die gekörnte Brühe und eventuell das Pilzpulver zufügen und zum Kochen bringen. Den Grünkern grob schroten und langsam in die kochende Brühe einstreuen, dabei umrühren. Alles zugedeckt bei kleiner Hitze gut 5 Minuten kochen lassen. Die Petersilie darunterrühren und die Grünkerngrütze 30 Minuten in der SparGar-Box oder unter Decken (siehe Seite 32) ausquellen lassen. • Von den Tomaten einen Deckel abschneiden und aushöhlen. In jeden Tomatendeckel mit dem Küchenmesser einen kleinen Einschnitt machen und einen ganzen Schnittlauchstengel hineinstecken. Den restlichen Schnittlauch feinschneiden und zugedeckt beiseitestellen. Den Käse feinreiben. • Für den »Gemüsegarten« die Zwiebel und die Knoblauchzehe schälen, fein-

Mit einem Eisportionierer werden die Kugeln aus Grünkerngrütze schön gleichmäßig. Man kann sie aber auch mit angefeuchteten Händen rund rollen.

schneiden und in dem Öl in einem großen Topf glasig braten. Frische Bohnen waschen, putzen und je nach Größe in Stücke schneiden oder ganz lassen. • Das Ausgehöhlte von den Tomatendeckeln, die Tomaten und die vorbereiteten oder die angetauten Bohnen in den Topf geben und alles zugedeckt in etwa 30 Minuten im eigenen Saft weich dünsten. Mit dem Kräutersalz und dem Piccata abschmecken und die Petersilie daruntermischen. Das Gemüse auf einer Platte flach anrichten. • Den geriebenen Käse gründlich unter die ausgequollene Grünkerngrütze mischen. Eventuell mit etwas Pfeffer abschmecken. Aus der Masse mit einem Portionierer oder mit angefeuchteten Händen Kugeln formen und in dem Schnittlauch wälzen. Je 2 Kugeln als »Rumpf« und »Kopf« zusammensetzen und auf das Gemüse stellen. Je 1 »Hut« obenauf setzen.

Grießgnocchi mit Tomatensauce

Bild Seite 35

Für die Gnocchi: ¼ l Milch · 1 gestrichener Teel. Meersalz · 1 Messerspitze geriebene Muskatnuß · 150 g Vollweizengrieß (Demeter oder Steinmetz) · 2 Eßl. Butter · 4 gehäufte Eßl. Weizenkeime · 2 Eier · 1½ l Wasser · 1 gestrichener Eßl. Koch- oder Meersalz Für die Sauce: 1 Zwiebel · 1 Knoblauchzehe · 2 Eßl. Olivenöl · 2 gehäufte Eßl. Grünkern · 500 g Tomaten · ½ Teel. feingehacktes oder getrocknetes, gerebeltes Basilikum · ⅛ l Wasser · 1 Tomato-Brühwürfel (Natura) Für die Form: etwas Butter oder Margarine Zum Überbacken: 150 g Emmentaler Käse

Pro Portion etwa 2360 Joule/560 Kalorien

Feines aus Getreide

Vorbereitungszeit: 20 Minuten
Garzeit: knapp 15 Minuten
Quellzeit: 30 Minuten
Backzeit: 15 Minuten bei 200–250°, obere
Schiene

Die Milch mit 1 Teelöffel Meersalz und dem Muskat zum Kochen bringen. Den Grieß in die kochende Milch einstreuen, mit einem Holzlöffel umrühren und so lange unter Rühren kochen lassen, bis ein fester »Kloß« entsteht (etwa 1 Minute). Den Topf vom Herd nehmen, die Butter zufügen, schmelzen lassen und unterrühren. Dann die Weizenkeime und 1 Ei unterrühren, anschließend das zweite Ei. Die Grießmasse etwa 30 Minuten zugedeckt quellen lassen. • Das Wasser mit 1 Eßlöffel Salz zum Kochen bringen. Mit zwei Teelöffeln von der Grießmasse Klößchen abstechen, die Löffel dabei immer wieder ins kochende Salzwasser tauchen. Die Klößchen knapp 15 Minuten garen, mit einem Schaumlöffel herausheben und gut abtropfen lassen. Eine große, flache Auflaufform ausfetten. Die Klößchen darin verteilen. • Für die Sauce die Zwiebel und die Knoblauchzehe schälen, beides feinschneiden und im Olivenöl in einem kleinen Topf glasig braten. Den Grünkern mehlfein mahlen. Die Tomaten waschen, vom Stielansatz befreien, grob zerkleinern und zusammen mit dem Grünkernmehl, dem Basilikum und dem Wasser feinmixen. Den Inhalt des Mixers in den Topf mit den Zwiebeln gießen, den Brühwürfel zufügen und alles unter gelegentlichem Umrühren 2–3 Minuten kochen lassen. • Die Sauce über die Gnocchi in die Auflaufform gießen. Den Käse grobreiben und über die Gnocchi streuen. Das Gericht im vorgeheizten Backofen auf der oberen Schiene bei 200–250° 15 Minuten überbacken, bis der Käse zerlaufen und etwas knusprig ist.

Das paßt dazu: grüner Salat; als Dessert frisches Obst.

Korninseln

Zutaten für 4 Portionen:
200 g Roggen • ¾ l Wasser • 3 gestrichene Teel. gekörnte Gemüsebrühe • 100 g Goudakäse • 100 g Haselnüsse • 100 g körniger Frischkäse (Hüttenkäse) • 2 Eier • 2 gehäufte Eßl. Weizenkeime • 1 gehäufter Eßl. Edelhefeflocken • je ½ Teel. gemahlener Koriander und edelsüßes Paprikapulver • 1 Teel. getrocknetes, gerebeltes oder frisches, feingehacktes Basilikum • 1 Dose Tomatenmark (70 g) • 2 Teel. Honig • 2 Eßl. Essig • ¼ l Kochbrühe von den Körnern oder Wasser

Pro Portion etwa 2255 Joule/535 Kalorien
Vorbereitungszeit: 15 Minuten
Quellzeit: etwa 12 Stunden (über Nacht)
Gar- und Quellzeit: 1 Stunde und 30 Minuten
Backzeit: 30 Minuten bei 200°, mittlere oder untere Schiene

Am Abend zuvor die Körner mit dem Wasser und 2 Teelöffeln gekörnter Brühe einmal aufkochen und zugedeckt über Nacht quellen lassen. • Am nächsten Tag die Körner mit dem Einweichwasser 60 Minuten kochen und weitere 30 Minuten auf der ausgeschalteten Herdplatte ausquellen lassen. • Die Körner gut abtropfen lassen (die Brühe auffangen). Den Käse und die Nüsse grobreiben. Die Körner mit dem Käse, den Nüssen und den Zutaten von Frischkäse bis Paprikapulver sowie ½ Teelöffel Basilikum mischen. • Das Tomatenmark mit dem Honig, dem Essig und ½ Teelöffel Basilikum in eine große, viereckige Auflaufform geben und verrühren, die Brühe oder das Wasser nach und nach darunterrühren. Aus der Körnermasse mit nassen Händen etwa tennisballgroße Kugeln formen und in die rote Sauce setzen. Im vorgeheizten Backofen bei 200° auf der mittleren oder unteren Schiene 30 Minuten backen.

Heißgeliebte Nudeln

Sogar die heikelsten Problemesser kann man mit Nudeln stets beglücken. Vollkornnudeln haben einen kräftigeren Geschmack als ihre weißen Verwandten. Sie eignen sich daher besser für die Zubereitung vegetarischer Gerichte. Man findet sie inzwischen in allen möglichen Formen und Rohstoffzusammensetzungen in Reformhäusern, Naturkostläden und auch im Lebensmittelhandel. Sie enthalten etwa 70% Kohlenhydrate, etwa 12% Eiweiß und 2–4% Fett und außerdem die wertvollen Ballaststoffe, B-Vitamine und Spurenelemente des vollen Korns. Das macht sie zu einem wichtigen Nährmittel für Kinder, denn sie sind leicht verdaulich und liefern schnell Energie. Nudeln sind keine Dickmacher, wenn sie in normalen Mengen gegessen werden, und besonders, wenn es sich um Vollkornnudeln handelt.
Im Kapitel »Süßes zum Sattwerden« finden Sie noch ein Nudelgericht, das viele Kinder sehr gern essen (auf Seite 59).

Das Kochen von Vollkornnudeln

Mindestens 1½ l Wasser mit 2 Teelöffeln Koch- oder Meersalz in einem großen Topf zum Kochen bringen. 1 Päckchen (250 g) Vollkornnudeln auf einmal hineinschütten, im offenen Topf 5–15 Minuten (je nach Form und Größe der Nudeln) bei mittlerer Hitze kochen lassen. Zwischendurch probieren, ob die Nudeln »richtig« sind. »Richtig« muß für Kinder nicht unbedingt »al dente« oder bißfest sein. Sehr kleine Kinder mögen die Vollkornnudeln oft lieber »pappig«, und so sind sie für die Kleinen auch bekömmlicher. Probieren Sie also aus, wie die Nudeln ihren Kindern am besten schmecken. Mit zunehmendem Alter sollte man ihnen »pappige« Nudeln jedoch abgewöhnen, sonst werden sie nie Feinschmecker. Die fertigen Nudeln auf ein Sieb oder einen Durchschlag schütten, abtropfen lassen und so-

fort mit den übrigen, im jeweiligen Rezept angegebenen, Zutaten mischen (nur für die Zubereitung von Nudelsalat mit kaltem Wasser überbrausen). Wenn sie als Beilage gedacht sind, die Nudeln in eine vorgewärmte Schüssel füllen und mit etwa 1 Eßlöffel Butter mischen, nach Wunsch auch mit Pastaroma (Nudelgewürz von Brecht) und/oder feingehackten Kräutern.

Hörnchen mit Möhren und Erdnußsauce 🏷

500 g Möhren · 250 g Vollkornnudeln (Hörnchen) · 1½ l Wasser · 2 gestrichene Teel. Koch- oder Meersalz Für die Sauce: 100 g Erdnußkerne (frisch geschält und ungesalzen) · 50 g Butter · 50 g Dinkel oder Weizen · 1 gestrichener Teel. Meersalz · 2 Messerspitzen Kurkuma · etwa 1 Messerspitze frisch gemahlener weißer Pfeffer · ⅜ l Wasser · 2 Eßl. feingehackte Petersilie

Pro Person etwa 2380 Joule/565 Kalorien
Vorbereitungszeit: 30 Minuten
Garzeit: 15–20 Minuten

Die Möhren waschen, putzen, würfeln und in wenig Wasser in 10–15 Minuten weich kochen. Die Hörnchen, wie nebenstehend beschrieben, kochen. • Das Gemüse und die Nudeln auf einem Sieb (Durchschlag) kurz abtropfen lassen. Inzwischen die Erdnußsauce, wie auf Seite 62 beschrieben, zubereiten. • In einer großen Schüssel die fertigen Hörnchen, die Möhren und die Erdnußsauce gut mischen. Sofort servieren.

Das paßt dazu: beliebiger grüner Salat.

Variante: Blumenkohl mit Erdnußhaube
Einen großen Kopf Blumenkohl von den äußeren Blättern befreien und 1 Stunde in Salzwasser legen, dann waschen. Den Strunk kreuzförmig einschneiden und den Kopf mit dem Strunk nach unten in wenig Wasser in 25–30 Minuten garen. Den Blumenkohl vorsichtig herausheben, abtropfen lassen und auf einer Platte anrichten. Inzwischen die Erdnußsauce zubereiten. Den Blumenkohlkopf damit überziehen und die Platte eventuell mit Petersilie und Tomatenvierteln garnieren. Dazu passen Vollkornnudeln oder Kartoffelpüree (Rezept Seite 49).

Nudeln mit Käse und Nüssen

Bild Umschlag-Vorderseite

Dieses einfache Nudelgericht hilft immer dann aus der Verlegenheit, wenn wenig Zeit oder auch einmal wenig Lust zum Kochen vorhanden ist oder wenn größere Kinder sich selbst verköstigen sollen.

250 g beliebige Vollkornnudeln · 1½ l Wasser · 2 gestrichene Teel. Koch- oder Meersalz · 100 g Gouda- oder Emmentaler Käse · 100 g Haselnüsse · je 1 Eßl. feingeschnittener Schnittlauch und Petersilie · 1 Teel. feingehackter Thymian, Basilikum, Salbei und/oder Liebstöckel, je nach Möglichkeit · 1–2 Eßl. Butter · eventuell etwas frisch gemahlener schwarzer Pfeffer

Pro Portion etwa 2150 Joule/510 Kalorien (mit Goudakäse)
Vorbereitungszeit: 15 Minuten
Garzeit: 5–15 Minuten

Die Nudeln, wie auf Seite 43 beschrieben, »al dente« oder weich kochen. • Inzwischen den Käse und die Nüsse grobreiben und beides mit den Kräutern mischen. Die fertig gegarten Nudeln auf einem Sieb oder Durchschlag kurz abtropfen lassen und in eine vorgewärmte Servierschüssel füllen. Die Butter zufügen, die Schüssel zudecken und 1–2 Minuten warten. Die geschmolzene Butter unter die Nudeln mischen. Die Käsemischung gründlich darunterheben, am besten mit zwei großen Löffeln, so wie man Salat mischt. • Für größere Kinder und Erwachsene eventuell noch mit etwas Pfeffer abschmecken.

Das paßt dazu: beliebiger grüner Salat oder Tomatensalat.

Varianten: Nudeln mit Zwiebeln und Möhren
Etwas arbeitsaufwendiger, dafür aber bunter und noch schmackhafter wird es, wenn Sie 4 Zwiebeln schälen, würfeln und in 50 g Butter glasig braten. 4 Möhren (300–400 g) waschen, putzen, grobreiben und zu den Zwiebeln geben. Das Gemüse zugedeckt unter gelegentlichem Wenden in etwa 10 Minuten garen und zusammen mit der obigen Käsemischung unter die fertigen Nudeln heben (die geschmolzene Butter kann wegbleiben). • So können Sie auch aus Nudelresten eine neue Mahlzeit zaubern: Die Zwiebeln und Möhren in einer großen Pfanne wie oben garen, die Nudelreste zufügen und anbraten, die Käsemischung zufügen und alles gut vermengen. Nach Wunsch noch 1 Ei pro Person auf das Gericht in die Pfanne geben und unter öfterem Wenden wie Rührei stocken (fest werden) lassen.

Nudel-»Pizza« 🥘

»Pizza« und »Nudeln«, zwei Begriffe, die eigentlich jedes Kind begeistern. Für die bunte Nudel-»Pizza« ist zwar etwas Vorbereitung erforderlich (alle 4 Kochstellen des Herdes werden gebraucht, aber man kann natürlich auch nacheinander arbeiten). Doch was tut man nicht alles, um den Kindern eine Freude zu machen?

500 g Knollenfenchel · 250 g Vollkornnudeln (Bandnudeln, Hörnchen oder Spaghetti) · 2 gestrichene Teel. Koch- oder Meersalz · etwa 1½ l Wasser · 200 g Champignons oder Steinchampignons (Egerlinge) · 1 Eßl. Butter · 1¼ Teel. Kräutersalz · eventuell etwas frisch gemahlener schwarzer Pfeffer · ⅛ l Milch · 4 Eier · 2 gestrichene Teel. Pastaroma (Brecht-Gewürz)
Für die Sauce: 50 g Tomatenmark · 2 Eßl. Honig · ½ Eßl. Vollsojamehl · 1 gestrichener Eßl. frisch gemahlenes Weizenvollkornmehl · ½ Eßl. Sojasauce · ¼ Teel. edelsüßes Paprikapulver · je 1 Messerspitze Piccata und Curry · 1 Messerspitze getrockneter, gerebelter Oregano · ¼ Tasse Obstessig · ⅛ l Wasser
Zum Belegen: 250 g Emmentaler oder Goudakäse · 1 Eßl. feingeschnittener Schnittlauch

Pro Portion etwa 3000 Joule/715 Kalorien (mit Goudakäse)
Vorbereitungszeit: etwa 40 Minuten
Garzeit: 40–45 Minuten

Die Fenchelknollen längs vierteln, waschen (auch zwischen den äußeren Blättern), von schlechten Stellen befreien, in etwa ½ cm dicke Scheiben schneiden und in wenig Wasser in etwa 10 Minuten garen. • Die Nudeln, wie auf Seite 43 beschrieben, »al dente« oder weich kochen

und auf einem Sieb abtropfen lassen. • Die Pilze waschen, putzen und längs in dünne Scheiben schneiden. In einer großen Deckelpfanne die Butter zerlaufen lassen, die zerkleinerten Pilze zufügen, mit ¼ Teelöffel Kräutersalz sowie eventuell etwas Pfeffer bestreuen und zugedeckt unter gelegentlichem Wenden in etwa 10 Minuten garen. • Die Milch mit den Eiern, 1 Teelöffel Kräu-

Eine Servierpfanne aus Edelstahl mit Deckel (zum Beispiel von SUS, siehe Seite 101) ist nicht nur zum Garen sondern auch zum Servieren ideal.

tersalz und dem Pastaroma verquirlen. • Die »Ketchup«-Sauce nach dem Rezept auf Seite 62 zubereiten. • Den Käse in Scheiben schneiden. Die abgetropften Nudeln zu den Pilzen in die Pfanne schütten und beides mischen. Den gegarten Fenchel (ohne Kochflüssigkeit) darüber verteilen. Die Eiermilch gleichmäßig darübergießen. Die »Ketchup«-Sauce mit einem Eßlöffel gleichmäßig darüber verteilen. Alles mit den Käsescheiben abdecken. Die Pfanne zudecken und die Eimasse in 15–20 Minuten bei kleiner Hitze stocken (fest werden) lassen. Oder die Pfanne ohne Deckel auf die mittlere Schiene in den vorgeheizten Backofen schieben und die »Pizza« 30 Minuten bei 200° backen. (Dafür können Sie auch eine Auflaufform verwenden.) • Den Schnittlauch über die fertige Pizza streuen.

Soja – wertvolles Eiweiß

Immer wieder betonen Ernährungsexperten, daß Kinder und Jugendliche viel Eiweiß für den Aufbau brauchen. Wußten Sie, daß Sojaeiweiß als einziges pflanzliches Protein genauso wertvoll ist wie das von Milch und Käse? Es enthält alle 8 essentiellen (lebensnotwendigen) Aminosäuren, die der Mensch täglich mit der Nahrung aufnehmen muß. Soja ist also ein einzigartiger Eiweißlieferant, die gelben Bohnen enthalten 40% (zum Vergleich: Fleisch enthält 14–20%). So etwas Gutes sollten Sie Ihren Kindern nicht vorenthalten, denn Sojaprodukte sind für Heranwachsende eine bequeme, schmackhafte und preiswerte »Eiweißversicherung«. Der Lezithingehalt von etwa 2% hilft bei den starken Belastungen, denen junge Menschen heute leider ausgesetzt sind. Der hohe Gehalt an Eisen, Magnesium und den Vitaminen B 1, E und Folsäure ist wertvoll, denn die übliche Ernährung ist arm an diesen Stoffen. Zum Schluß sei noch die Bemerkung gestattet, daß riesige Mengen Soja als Viehfutter verbraucht werden. Dabei schmecken Sojagerichte genausogut wie Fleisch, sind genauso wertvoll für die Ernährung und preiswerter. Wozu also der »Umweg«, wo doch manche Länder, die Soja exportieren, es besser für die Ernährung der eigenen hungernden Bevölkerung einsetzen könnten?

Als Ergänzung zu den folgenden Rezepten finden Sie auf Seite 24 noch ein Rezept für Sojaklößchen sowie auf Seite 29 ein feines Gemüse mit Sojasprossen.

Raffiniertes Ragout

500 g Lauch/Porree · 500 g Möhren · 250 g grüne Paprikaschoten · 4 Eßl. Olivenöl · 100 g gekörntes Sojamark · 3 Eßl. Tomatenmark (70 g) · ¼ l Wasser · 2 Teel. getrockneter, gerebelter Oregano · 200 g saure Sahne (10% Fett) · 2 Eßl. feingeschnittener Schnittlauch · 1 gestrichener Teel. Koch- oder Meersalz · eventuell ½ Teel. edelsüßes Paprikapulver

Pro Portion etwa 1365 Joule/325 Kalorien
Vorbereitungszeit: 15 Minuten
Garzeit: 15–20 Minuten

Den Lauch längs halbieren, gut waschen, von schlechten Blättern befreien und quer in feine Streifen schneiden. Die Möhren waschen, putzen und feinwürfeln. Die Paprikaschoten längs achteln, waschen, vom Stengelansatz und den Kernen befreien und quer in dünne Streifen schneiden. • Das Öl in einem großen Topf erhitzen, das zerkleinerte Gemüse hineinschütten und unter öfterem Wenden auf kleiner Hitze gut 5 Minuten andünsten. Das gekörnte Sojamark zufügen und alles noch einige Minuten unter öfterem Wenden weiterdünsten. • Das Tomatenmark mit dem Wasser anrühren und zum Gemüse gießen. Den Oregano zufügen. Alles zugedeckt 5–10 Minuten auf kleiner Hitze kochen, bis das Gemüse gar ist. • Den Topf vom Herd nehmen. Die saure Sahne und den Schnittlauch unter das Ragout mischen. Mit dem Salz und eventuell mit Paprikapulver (für größere Kinder und Erwachsene) abschmecken.

Variante: Gelbes Ragout
375 g Möhren und ½ kleinen Kopf Blumenkohl waschen, putzen und zerkleinern, 200 g frische oder tiefgefrorene grüne Erbsen dazugeben. Geschmacksneutrales Öl verwenden. ½ l Wasser

sowie je 1 gestrichenen Teelöffel Delikata und Kurkuma und 2 gestrichene Teelöffel Kräutersalz dazugeben. Saure Sahne und Schnittlauch unter das nicht mehr kochende Ragout mischen.

Paßt gut zu: Pitta (Rezept Seite 85), zu Reis-, Mais- oder Hirsegrütze (Rezepte Seite 33,34) und zu grünem Salat.

Zigeuner-Spieße

Zutaten für 8 Spieße:
100 g Sojamarkwürfel (Reformhaus) ·
½ l Wasser · 2 gestrichene Teel. gekörnte
Gemüsebrühe · 1 Teel. Kümmel ·
1 Teel. getrockneter, gerebelter Thymian ·
1 große Zwiebel · je 1 rote, grüne und gelbe
Paprikaschote · 4 Eßl. Olivenöl

Pro Spieß etwa 815 Joule/195 Kalorien
Quellzeit: etwa 12 Stunden (über Nacht)
Vorbereitungszeit: 25 Minuten
Garzeit: 35 Minuten

Am Abend zuvor die Sojamarkwürfel mit dem Wasser, der gekörnten Brühe, dem Kümmel und dem Thymian einmal aufkochen und zugedeckt über Nacht quellen lassen. • Am nächsten Tag die Sojamarkwürfel in dem Einweichwasser 15 Minuten kochen lassen. Das Kochwasser abgießen und die Sojamarkwürfel etwas abkühlen lassen. • Die Zwiebel schälen und längs achteln. Die Zwiebelachtel auseinanderdrücken, so daß die einzelnen »Lagen« getrennt werden. Die Paprikaschoten längs vierteln, waschen, von den Kernen und den Stengelansätzen befreien und quer in etwa 2 cm breite Stücke schneiden. • 8 Holz- oder Metallspieße abwechselnd mit den größten Sojamarkwürfeln, den Zwiebel- und den Paprikastücken bestecken, dabei die Paprikafar-

ben abwechseln. Das Öl in einer großen oder in zwei Pfannen erhitzen. Die Spieße hineinlegen und bei mittlerer bis kleiner Hitze zugedeckt je 10 Minuten auf beiden Seiten garen. Die restlichen Sojamark- und Gemüsestücke mitdünsten.

Das paßt dazu: Pitta als Teller zum Aufessen (Rezept Seite 85) und »Ketchup«-Sauce (Rezept Seite 62).

Zwiebelpizza

Bild 2. Umschlagseite

Zutaten für 1 Backblech (etwa 20 Stücke):
Für den Teig: 375 g Weizen · je 1 Teel. Kümmel
und Koriander · 25 g Vollsojamehl ·
½ Teel. Meersalz · 1 Würfel Hefe (42 g) ·
1 Teel. Honig · 0,2 l lauwarmes Wasser ·
3 Eßl. Olivenöl
Zum Ausrollen: etwas Weizenvollkornmehl
Für den Belag: 500 g Zwiebeln · ½ Tasse
Olivenöl (etwa 80 g) · 100 g gekörntes
Sojamark · 50 g Tomatenmark ·
3 Teel. getrocknete Provence-Kräuter ·
2 gestrichene Teel. Kräutersalz · 1 gestrichener
Teel. edelsüßes Paprikapulver · 2 Messerspitzen
frisch gemahlener schwarzer Pfeffer ·
1 Messerspitze Piccata · ½ l Wasser ·
100 g Emmentaler Käse · 4 gestrichene Eßl.
Weizenkeime · 4 gestrichene Eßl.
Edelhefeflocken ·
200 g Goudakäse · 500 g Tomaten ·
1 Eßl. feingeschnittener Schnittlauch
Für das Backblech: etwas Butter oder Margarine

Pro Stück etwa 580 Joule/140 Kalorien
Vorbereitungszeit einschließlich Ruhezeit:
45 Minuten
Garzeit für den Belag: 15 Minuten
Backzeit: 30 Minuten bei 200°, untere Schiene

Soja – wertvolles Eiweiß

Für den Teig den Weizen mit dem Kümmel und dem Koriander staub- oder mehlfein mahlen (oder gemahlene Gewürze verwenden). Das Mehl mit dem Sojamehl und dem Salz mischen und auf ein Backbrett schütten. In die Mitte eine Vertiefung machen, die Hefe hineinbröckeln, den Honig auf die Hefe geben. 1–2 Minuten warten, bis sich die Hefe aufgelöst hat. Das Wasser und das Öl in die Vertiefung gießen und alle Zutaten zusammen von außen nach innen schnell zu einem geschmeidigen Hefeteig verkneten. Den Teig, mit einem Tuch zugedeckt, etwa 15 Minuten an einem warmen Platz gehen lassen. • Den gegangenen Teig nochmals gründlich durchkneten und auf etwas Mehl dünn ausrollen (in der Größe des Backblechs). Ein Backblech einfetten, mit dem Teig belegen und den Teig zugedeckt nochmals etwa 15 Minuten gehen lassen. • Inzwischen die Zwiebeln schälen, halbieren und in dünne halbe Ringe schneiden. Das Olivenöl in einer großen Pfanne erhitzen und die Zwiebelringe darin glasig braten. Das Sojamark zufügen und 5 Minuten unter häufigem Wenden bei mittlerer Hitze mitbraten. • Das Tomatenmark mit den Gewürzen und dem Wasser glattrühren. Das Angerührte in die Pfanne gießen und alles zusammen noch 5 Minuten durchkochen lassen. • Den Emmentaler Käse grobreiben, dann mit den Weizenkeimen und den Hefeflocken unter die fertige Sojamasse rühren. Den Teig im vorgeheizten Backofen auf der unteren Schiene bei 200° 15 Minuten vorbacken. Aus dem Ofen nehmen und mit dem Belag gleichmäßig bestreichen. Den Goudakäse in 2–3 cm breite Streifen schneiden. Mit den Käsestreifen ein Gitter über den Belag legen. Die Tomaten waschen und in Scheiben schneiden. Je 1 Tomatenscheibe in ein Gitterfeld legen. Die Pizza wieder bei 200° auf der unteren Schiene in 15 Minuten fertigbacken. • Die gebackene Pizza mit dem Schnittlauch bestreuen und in Stücke schneiden; sie schmeckt warm oder kalt.

Variante: Hefebrötchen

Wir mögen gern Brötchen aus dem Pizzateig. Ich empfehle also, alle Teigzutaten zu verdoppeln, bis auf die Hefe, und aus einer Hälfte Brötchen zu backen. Für das Formen und Backen der Brötchen siehe Seite 86 (»Vollkornzwieback«). Allerdings paßt ein süßer Brotbelag nicht zu den Brötchen, dafür schmeckt die Kräuter-Käse-Creme (Rezept Seite 77) gut dazu.

Soja-Hafer-Omelettes

Ein vollwertiges »Kraftfutter«, schnell zusammengerührt und gebraten; das macht auch jungen »Selbstversorgern« immer wieder Spaß.

Zutaten für etwa 8 Omelettes:
125 g sehr feine Haferflocken (Instant- oder Schmelzflocken) · 75 g Vollsojamehl ·
½ Teel. Meersalz · gut ½ l Milch · 3 Eier
Zum Braten: Öl

Pro Stück etwa 1590 Joule/380 Kalorien
Vorbereitungszeit: 10 Minuten
Quellzeit: mindestens 15 Minuten
Garzeit: etwa 25 Minuten

Die Haferflocken mit dem Sojamehl und dem Salz in einer Schüssel mischen. Die Milch dazugießen, die Eier zufügen und alles mit einem Schneebesen zu einem flüssigen Pfannkuchenteig verrühren. Den Teig mindestens 15 Minuten quellen lassen. • Öl in einer Pfanne erhitzen und aus dem Teig nacheinander bei mittlerer Hitze 8–9 dünne, goldbraune Pfannkuchen backen (von jeder Seite 2–3 Minuten).

Das paßt dazu: Nußmöhren (Rezept Seite 27) oder Möhrensalat (Rezept Seite 14).

Kartoffel-Variationen

Haben Sie schon mal ein Kind gesehen, das keine Kartoffeln mag? Ich nicht. Wenngleich manche der kleinen und größeren Flockenpüree-aus-der-Tüte- und Pommes-frites-Esser vielleicht gar nicht wissen, wie »richtige« gute Kartoffeln schmecken. Kartoffeln liegen wohlig im Magen, lassen sich so herrlich auf dem Teller »zermantschen« und Kartoffelpüree kann man ausgezeichnet mit der Gabel »landschaftsgärtnerisch« gestalten. Doch sicher nicht nur deshalb ist es die Lieblingsspeise fast aller Kinder. Kartoffeln haben einen hohen Wert für die Ernährung: Sie enthalten wertvolles Eiweiß, viele Vitamine (vor allem Vitamin C) und wichtige Mineralstoffe. Die Stärke (Kohlenhydrate) ist leicht verdaulich, der Anteil beträgt 17–20%. 100 g gekochte Kartoffeln haben nur etwa 300 Joule/ 72 Kalorien, ihren schlechten Ruf als Dickmacher haben sie beispielsweise durch die Pommes frites bekommen, für die sich (zum Vergleich) pro 100 g 1050 Joule/250 Kalorien errechnen lassen, also über das Dreifache! Am empfehlenswertesten sind Kartoffeln, die mit der Schale in wenig Wasser oder in Dampf gegart worden sind (falls sie nicht mit Keimhemmern behandelt wurden), denn direkt unter der Schale lagert die Kartoffel ihre wertvollsten Inhaltsstoffe.

Kartoffelpüree

Das Thema »Kartoffelpüree« habe ich ausführlich behandelt. Alle Kinder lieben es, vor allem, wenn es selbstgemacht ist und nicht aus der Tüte kommt. Die Menge ist bewußt reichlich berechnet. Kinder essen sich an Kartoffelpüree gern satt und verzichten an solchen Tagen sogar auf Vor- und Nachspeisen. Als Ergänzung genügt etwas Rohkost und/oder ein Gemüsegericht, vielleicht je nach Variante noch ein weichgekochtes oder Spiegelei zur Eiweißversorgung.

1250 g große mehlige Kartoffeln · ¼ l Wasser · 1 gestrichener Teel. Koch- oder Meersalz · ¼ l Milch · eventuell 1 Eßl. Butter · 2 gestrichene Teel. Kräutersalz · 2 Messerspitzen geriebene Muskatnuß · je 1 Eßl. feingeschnittene Petersilie, Dill und Schnittlauch

Pro Portion etwa 920 Joule/220 Kalorien (ohne Butter)
Vorbereitungszeit: etwa 20 Minuten
Garzeit: 20 Minuten

Die Kartoffeln dünn schälen und in Würfel schneiden. Die Kartoffelwürfel zusammen mit dem Wasser und dem Salz in etwa 20 Minuten bei kleiner Hitze zugedeckt weich kochen. • Die Herdplatte ausschalten. Das restliche Kochwasser abgießen und statt dessen die Milch in den Topf zu den Kartoffeln gießen. Eventuell auch die Butter zufügen. Die Milch nur heiß werden, aber nicht kochen lassen. Das Kräutersalz und das Muskat zufügen. • Alles mit einem Kartoffelstampfer oder den Schneebesen des elektrischen Handrührgerätes oder der Küchenmaschine zu einem schaumigen Püree schlagen. Die Kräuter unter das fertige Püree mischen.

Kartoffelpüree aus Pellkartoffeln

In der Schale gekochte Kartoffeln sind bekanntlich wertvoller als Salzkartoffeln. Das gleiche gilt natürlich auch für Kartoffelpüree. Wenn Sie nach dem folgenden Rezept arbeiten, erhalten Sie aus Pellkartoffeln ein ebenso schmackhaftes und vor allem auch heißes Kartoffelpüree wie nach dem klassischen Rezept.

Kartoffel-Variationen

1 kg mehlige Kartoffeln (kleinere sind schneller gar) · ½ l Milch · 2 gestrichene Teel. Kräutersalz · 1 Messerspitze geriebene Muskatnuß · eventuell 1 Eßl. Butter · je 1 Eßl. feingeschnittene Petersilie, Dill und Schnittlauch

Pro Portion etwa 1010 Joule/240 Kalorien
Vorbereitungszeit: 15 Minuten
Garzeit: 20–30 Minuten (je nach Größe der Kartoffeln)

Die Kartoffeln waschen und in wenig Wasser oder in Dampf in 20–30 Minuten weich kochen. • Die Pellkartoffeln mit kaltem Wasser abschrecken, in ein anderes Gefäß füllen und den Kartoffeltopf sauber spülen. Die Milch, das Kräutersalz und das Muskat in den Topf geben und auf die noch warme Herdplatte oder auf kleine Hitze stellen. • Eine Kartoffel- oder Spätzlepresse

Es gibt von Kartoffelpressen die verschiedensten Ausführungen. Das Wesentliche für uns ist, daß man damit auch aus Pellkartoffeln Püree zubereiten kann.

über den Topf legen. Die Kartoffeln so heiß wie möglich schälen und sofort durch die Presse in die heiße Milch drücken (die Milch soll nicht kochen, eventuell den Topf vom Herd nehmen). Nach Belieben die Butter zufügen und die Kräuter... streuen. Alles mit einem Schneebesen ...e schlagen.

Tip: Der Stärkegehalt der Kartoffeln ist je nach Sorte, Anbaugebiet und Alter verschieden. Es kann also etwas weniger oder mehr Milch nötig sein.

Variante: Champignonpüree
200 g frische Champignons waschen, putzen und in Scheiben schneiden. 1 kleine Zwiebel schälen, feinschneiden und in 1 Eßlöffel Butter glasig braten. Die Champignonscheiben dazugeben und mit ¼ Teelöffel Meersalz, etwas frisch gemahlenem weißem Pfeffer und 1 Eßlöffel feingehackter Petersilie bestreuen. Alles unter gelegentlichem Wenden bei kleiner Hitze in etwa 15 Minuten garen. 4 Eßlöffel Sahne und 1 Teelöffel Zitronensaft zufügen und gut umrühren. Die Champignons unter das fertige Kartoffelpüree mischen.

Variante: Sojapüree
Bei der Zubereitung des Kartoffelpürees 2 gestrichene Eßlöffel fettarmes Sojamehl zur Milch geben. 1 Dose Sandwichcreme mit Pilzen (80 g, Granovita) in Flöckchen auf die heißen Kartoffeln streuen. Weiter verfahren wie oben. 1 Eßlöffel feingehackte Petersilie zusätzlich untermischen.

Variante: Käsepüree
Unter das fertige Kartoffelpüree 100 g durch ein Sieb gestrichenen Schichtkäse, 200 g körnigen Frischkäse (Hüttenkäse) und 75–100 g feingeriebenen Emmentalerkäse rühren.

Variante: Rosa Püree
150 g frische oder tiefgefrorene grüne Erbsen in ⅛ Liter Wasser garen. Die Erbsen mit der restlichen Kochflüssigkeit, 1 Dose Tomatenmark (70 g), 1 Eßlöffel Honig, 1 gestrichenen Teelöffel edelsüßem Paprikapulver und 1 Teelöffel feingehacktem Basilikum oder ½ Teelöffel getrocknetem, gerebeltem Basilikum unter das fertige Kartoffelpüree rühren. Eventuell noch mit etwas

Kartoffel-Variationen

Kräutersalz und Zitronensaft abschmecken. • Zu diesem Püree passen Sojawürstchen aus der Dose oder Sojafrikadellen (Fertigprodukt).

Variante: Kartoffel-Grieß-Küchle
Nach meinen Erfahrungen erleben Reste von Kartoffelpüree, die vom Mittagessen in der Küche stehenbleiben, den Abend nicht mehr. Sollte trotzdem mal nicht alles am selben Tag gegessen werden, bewahren Sie den Rest im Kühlschrank auf und machen daraus am nächsten Tag etwas Neues. 500 g beliebiges Kartoffelpüree mit ¼ l Milch, ½ Teelöffel Meersalz und 1 Messerspitze geriebener Muskatnuß gründlich verrühren. 100 g Vollkorngrieß zufügen und ebenfalls gut mit dem Püree mischen. Den Teig 30 Minuten quellen lassen. 2–3 Eier unter den Teig rühren. Butter in einer Pfanne erhitzen, vom Teig mit einem Eßlöffel flache Küchlein in die Pfanne geben und diese sehr langsam bei kleiner Hitze von jeder Seite gut 10 Minuten braten. • Dazu passen grüne oder Rohkostsalate.

Himmel und Erde

750 g Kartoffeln · 1 Tasse Wasser ·
1 gestrichener Teel. Koch- oder Meersalz ·
500 g säuerliche Äpfel · 1 Teel. Honig oder
2 Teel. Friate (Apfeldicksaft)

Pro Portion etwa 725 Joule/170 Kalorien
Vorbereitungszeit: 10 Minuten
Garzeit: 20 Minuten

Die Kartoffeln dünn schälen und würfeln. Die Kartoffelwürfel mit dem Wasser und dem Salz 10 Minuten kochen lassen. • Inzwischen die Äpfel vierteln, schälen und vom Kernhaus befreien. Die Apfelstücke auf den kochenden Kartoffeln verteilen. Nochmals etwa 10 Minuten kochen, bis

die Kartoffeln gar und die Äpfel zerfallen sind. • Den Honig oder die Friate zufügen und alles mit einem Kartoffelstampfer oder den Schneebesen einer Küchenmaschine zu Püree schlagen.

Paßt gut zu: Sojawürstchen aus der Dose oder Sojabratlingen (Fertigprodukt).

Variante: Noch »gesünder« können Sie Himmel und Erde – ähnlich wie Kartoffelpüree – aus Pellkartoffeln zubereiten. Dazu die Kartoffeln in der Schale gar kochen. Die Äpfel separat mit etwa 1 Tasse Wasser garen, bis sie zerfallen. Die geschälten Kartoffeln heiß durch die Presse drücken, die Äpfel, ½ Teelöffel Salz und Apfeldicksaft zufügen und alles mit einem Schneebesen pürieren.

Kartoffelplätzchen

750 g mehlige Kartoffeln · 50 g Butter ·
100 g feingeriebener Gouda- oder Emmentaler Käse · 2 Eier · 3 gestrichene Eßl. Vollsojamehl ·
2 Teel. Kümmel · ½ Teel. Kräutersalz ·
½ Teel. Schabzigerklee (Brecht) ·
1 Messerspitze geriebene Muskatnuß
Für das Backblech: etwas Margarine

Pro Portion etwa 1630 Joule/390 Kalorien
Vorbereitungszeit: 20 Minuten
Garzeit: etwa 30 Minuten
Backzeit: 30 Minuten bei 180°, mittlere Schiene

Die Kartoffeln mit der Schale in wenig Wasser oder in Dampf weich kochen (kleine sind schneller gar), mit kaltem Wasser abschrecken und heiß schälen. Die heißen Kartoffeln sofort durch eine Kartoffel- oder Spätzlepresse drücken. • Die durchgedrückten Kartoffeln mit der Butter in Flöckchen und alle übrigen Zutaten gründlich mischen. Ein Backblech gut einfetten. Aus dem Kartoffelteig mit angefeuchteten Händen etwa hühnereigroße Kugeln formen. • Die Kugeln auf das Blech setzen und platt drücken, so daß die Plätzchen etwa 1 cm dick sind. Das Blech auf die Mittelschiene in den kalten Backofen schieben und die Kartoffelplätzchen bei 180° 30 Minuten backen. Heiß servieren.

Das paßt dazu: Erbsen mit Möhren oder Spargelgemüse.

Tip: Verwenden Sie Goudakäse, wenn Sie und Ihre Kinder den zarteren Geschmack bevorzugen, Emmentaler Käse, wenn es würziger schmecken soll.

Rösti

Wenn Sie Kartoffeln einkellern, dann sind auch die (aus biologischem Anbau stammenden) irgendwann ab März/April nicht mehr das, was sie im Oktober waren. Rösti oder Kartoffelpüree schmecken aber noch ebensogut daraus. Auch kann man schon schrumpelige Kartoffeln hierfür noch verarbeiten. Und bei Kindern kann es gar nicht oft genug Rösti geben.

1 kg Kartoffeln · 50 g Butter · 1 leicht gehäufter Teel. Kräutersalz · 1 Teel. getrockneter, gerebelter Majoran · ½ Teel. gemahlener Kümmel

Pro Portion etwa 1125 Joule/270 Kalorien
Vorbereitungszeit: 15 Minuten
Garzeit: zweimal 30 Minuten

Am Tag zuvor die Kartoffeln mit der Schale in wenig Wasser in etwa 30 Minuten (je nach Größe und Alter der Kartoffeln) weich kochen, mit kal-

tem Wasser abschrecken und abkühlen lassen. • Am nächsten Tag die Kartoffeln schälen und grobraspeln (mit der groben Reibscheibe oder -trommel der Küchenmaschine oder von Hand mit einem groben Reibeisen). • Die Hälfte der Butter in einer Pfanne erhitzen. Die Kartoffelraspel in einer Schüssel mit dem Kräutersalz, dem Majoran und dem Kümmel gründlich mischen. Die gewürzten Kartoffelraspel in die heiße Pfanne schütten und mit einem Bratenwender fest zusammendrücken, so daß ein flacher, gleichmäßiger Kuchen entsteht. Die Pfanne zudecken und die Rösti 15 Minuten bei kleiner Hitze braten. • Dann den Kartoffelkuchen mit einem flachen Teller oder Deckel wenden (den Teller

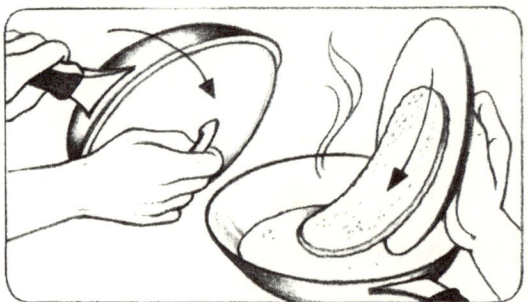

So wird mit Hilfe eines großen Topfdeckels oder Tellers, den man auf die Pfanne legt, der Pfanneninhalt umgewendet. Die Methode ist für Rösti oder Pfannkuchen (Rezept Seite 57) gleichermaßen praktisch.

umgedreht auf die Rösti legen, eine Hand auf den Teller halten und zusammen mit der Pfanne umdrehen). Die restliche Butter in die Pfanne geben. Dann die Rösti vom Teller oder Deckel wieder in die Pfanne gleiten lassen und die andere Seite ebenfalls 15 Minuten zugedeckt braten.

Viele Kinder essen gerne Süßes als Hauptgericht. Apfelpfannkuchen sind beliebt. Rezept Seite 57. ▷

Das paßt dazu: Winter-Gemüse (Rezept Seite 26), raffiniertes oder gelbes Ragout (Rezept Seite 46) und beliebiger grüner oder Rohkostsalat.

Variante: Bevor Sie nach dem Wenden der Rösti den Deckel wieder auflegen, 100 g geriebenen Käse (zum Beispiel Emmentaler Käse) aufstreuen.

Tip: Wenn Joule gespart werden müssen, kann man die Rösti auch gut ohne oder mit wenig Fett in einer beschichteten Pfanne zubereiten.

Backkartoffeln mit Quarksalat

Den Kindern schmeckt so etwas Unkompliziertes immer.

*1250 g mittelgroße mehlige Kartoffeln ·
1 Eßl. Kümmel · 1 gestrichener Teel. Meersalz
Für den Quarksalat: 250 g Schichtkäse (10%
Fett) oder 300 g Magerquark (siehe Seite 100) ·
200 g saure Sahne (10% Fett) · 1 Eßl. Öl ·
⅛ l Milch (bei Quark weniger) · 2 Teel. Senf ·
2 Teel. Honig · 1 gestrichener Teel. Kräutersalz ·
1 Schalotte oder kleine Zwiebel · 1 (möglichst
roter) säuerlicher Apfel · 1 Stück Salatgurke
(etwa 200 g) · je 1 Eßl. feingeschnittene
Petersilie, Dill, Schnittlauch*

Pro Portion etwa 1575 Joule/375 Kalorien
Vorbereitungszeit: 15 Minuten
Backzeit: 30–40 Minuten bei 200°, untere
Schiene

◁ Beim Kirschenmichel sind die Sauerkirschen ein
erfrischender Kontrast zum süßen Zwiebackteig.
Rezept Seite 58.

Die Kartoffeln gründlich bürsten (das geht am besten mit der rauhen Seite eines Topfschwammes), von den »Augen« (Keimansätzen) und schlechten Stellen befreien und längs teilen. Ein Backblech mit dem Kümmel und dem Salz gleichmäßig bestreuen. Die Kartoffelhälften mit der Schnittfläche nach unten auf das Backblech legen. Im vorgeheizten Backofen bei 200° auf der unteren Schiene 30–40 Minuten backen. Garprobe mit einem Küchenmesser oder Hölzchen machen. • Inzwischen für den Quarksalat den Schichtkäse durch ein Sieb streichen und mit der sauren Sahne, dem Öl, der Milch, dem Senf, dem Honig und dem Kräutersalz verrühren. Bei Verwendung von Magerquark zunächst keine Milch zufügen; erst zum Schluß eventuell etwas Milch unter den Quarksalat mischen. • Die Schalotte oder Zwiebel schälen und feinschneiden. Den Apfel waschen, vierteln, vom Kernhaus befreien und würfeln. Die Gurke waschen und würfeln. Die zerkleinerte Zwiebel, die Apfel- und Gurkenwürfel zusammen mit den Kräutern unter den angerührten Quark mischen. Den Salat durchziehen lassen, bis die Kartoffeln gar sind. • Den Salat zu den heißen Kartoffeln servieren.

Tip: Die Kartoffeln kann man mit jedem beliebigen Gebäck zusammen im Ofen garen, auf irgendeiner Schiebeleiste, die gerade frei ist. Oder auf den Boden des Backofens einen Kuchenrost legen, darauf ein kleineres Blech oder eine Form mit den Kartoffeln schieben. Die Backzeit verlängert sich dadurch in jedem Fall (je nach Hitze und Schiebeleiste); es ist aber nicht notwendig, ständig auf die Kartoffeln aufzupassen, längeres Backen verbessert eher den Geschmack.

Varianten: Der Salat schmeckt auch zum Butterbrot. Natürlich kann man zu den Backkartoffeln auch jede beliebige andere Quarkcreme servieren oder auch süßen Sauerkrautsalat (Rezept Seite 15).

Doppeldecker

*Für die Kartoffelpuffer: 750 g mehlige
Kartoffeln · 1 Zwiebel · 4 gestrichene Eßl. sehr
feine Haferflocken (Instant- oder
Schmelzflocken) · 2 gestrichene Eßl.
Vollsojamehl · 2 gehäufte Eßl. Weizenkeime ·
1 gestrichener Teel. Meersalz · 1 Messerspitze
Kurkuma · ⅛ l Wasser · 2 Eier
Zum Braten: Öl
Zum Garnieren: 1 Kopfsalat
Für das Tomatenrührei: 250 g Tomaten,
möglichst Fleischtomaten · 6 Eier ·
½ Teel. Meersalz · 1 Teel. feingehacktes oder
½ Teel. getrocknetes, gerebeltes Basilikum ·
2 Eßl. feingeschnittener Schnittlauch*

Pro Portion etwa 1570 Joule/375 Kalorien
Vorbereitungszeit: etwa 30 Minuten
Bratzeit: 15–20 Minuten

Die Kartoffeln dünn schälen, waschen und feinreiben. Die Zwiebel schälen und feinschneiden.
Oder die Kartoffeln und die Zwiebel in einem
elektrischen Zerkleinerer feinhacken. Unter den
rohen Kartoffel-Zwiebel-Brei die Haferflocken,
das Sojamehl, die Weizenkeime, das Salz, das
Kurkuma, das Wasser und die Eier rühren. • Das
Öl in einer Pfanne erhitzen und den Teig mit
einem Löffel so hineingeben, daß pro Pfanne
5–6 Puffer entstehen. Die Kartoffelpuffer von
beiden Seiten bei mittlerer Hitze in jeweils knapp
5 Minuten knusprig goldbraun braten. • Inzwischen den Kopfsalat waschen und gut abtropfen
lassen. • Für das Rührei die Tomaten waschen,
vom Stielansatz befreien und in kleine Würfel
schneiden. Die Tomatenwürfel mit den Eiern,
dem Salz und dem Basilikum verquirlen. In einer
anderen Pfanne etwas Öl erhitzen, die Eimasse
hineingießen und unter öfterem Wenden bei
mittlerer Hitze stocken (fest werden) lassen.
Den Schnittlauch unter das Rührei mischen. •

Auf einer großen Servierplatte die Hälfte der fertigen Kartoffelpuffer mit etwas Zwischenraum
anordnen. Je 1 Salatblatt (eventuell halbiert) auf
die Puffer legen. Das Rührei auf den Salatblät-
tern verteilen und mit einem zweiten Kartoffelpuffer abdecken.

Das paßt dazu: grüner Salat.

Tip: Die Kartoffelpuffer schmecken natürlich
auch ungefüllt, zum Beispiel mit Apfelmus oder
Kompott. Das Rührei paßt auch zum Butterbrot
oder zu Kartoffelpüree.

Süßes zum Sattwerden

Etwas Süßes als Hauptgericht – für viele Erwachsene ist das kein Essen, doch die meisten Kinder jubeln. Kinder haben nun mal ein Verlangen nach Süßem. Diese Vorliebe scheint international zu sein. Datteln, Feigen, Weintrauben und andere süße Früchte, Zuckerrohr, Ahornsirup und Honig sind natürliche Süßigkeiten, an denen sich die Menschen schon zu allen Zeiten erfreut haben. Wenn Süßes mit Vollgetreide kombiniert wird, bietet es keine »leeren Kalorien«, die Süßspeise enthält reichlich Mineralstoffe und Vitamine, so daß die Nachteile der üblichen süßen Gerichte nicht auftreten können. Außerdem läßt eine honiggesüßte Vollwertmahlzeit zum Mittagessen den Appetit auf Schokolade und Süßigkeiten am Nachmittag gar nicht erst aufkommen. Äpfel, Orangen, anderes Obst oder rohes Gemüse werden danach gern als aufmunternde Zwischenmahlzeit gegessen, wenn man es dem Kind nah genug vor die Nase stellt.

Kaiserschmarrn ✐

200 g Rosinen · 70 g Butter · 125 g Honig · abgeriebene Schale von ½ Zitrone (Schale unbehandelt) · gut ¼ l Milch · 200 g Weizen · 6 Eier
Zum Braten: etwas Butter oder Margarine

Pro Portion etwa 3105 Joule/740 Kalorien
Zubereitungszeit: 30 Minuten

Die Rosinen waschen, abtropfen lassen und zusammen mit der Butter in Flöckchen, dem Honig und der Zitronenschale in eine Rührschüssel geben. Die Milch erhitzen, darübergießen und die Rosinen 10 Minuten quellen lassen. • Inzwischen den Weizen staub- oder mehlfein mahlen. Das Mehl und die Eier mit den Zutaten in der Schüssel gut verrühren. • In zwei Pfannen jeweils et-

was Butter oder Margarine erhitzen, jeweils die Hälfte vom Teig hineingießen, kurz stocken (fest werden) lassen, dann mit einem Pfannenmesser zerteilen, immer wieder wenden und in Stücke teilen, bis alles gar ist (das dauert gut 5 Minuten). Den Kaiserschmarrn heiß servieren.

Tip: Statt des sonst üblichen Puderzuckers können Sie Mandelblättchen darüberstreuen, wenn Sie etwas fürs Auge tun möchten.

Das paßt dazu: frisches Obst, zum Beispiel Beerenobst, Äpfel, Birnen, Pfirsiche, Aprikosen oder Bananen.

Apfelpfannkuchen ✐

Bild Seite 53

Zutaten für 4 dicke Apfelpfannkuchen, in einer Pfanne von 26–28 cm Ø gebacken:
150 g Weizen · ½ Teel. Anissamen ·
50 g sehr feine Haferflocken (Instant- oder Schmelzflocken) · 2 gestrichene Eßl.
Vollsojamehl · 2 gehäufte Eßl. Weizenkeime ·
2 Messerspitzen gemahlene Vanille · 4 Eier ·
2 Eßl. Honig · ⅜ l Milch · 750 g säuerliche Äpfel
Zum Braten: etwa 4 Eßl. Margarine

Pro Stück etwa 2605 Joule/620 Kalorien
Vorbereitungszeit einschließlich Ruhezeit:
20 Minuten
Backzeit pro Pfannkuchen: 15 Minuten

Den Weizen mit dem Anissamen mehlfein mahlen (oder gemahlenen Anis verwenden). Das Mehl in einer Schüssel mit den Haferflocken, dem Sojamehl, den Weizenkeimen und der Vanille mischen. Die Eier in Eigelb und Eiweiß trennen. Den Honig und die Eigelbe zur Mehlmischung geben. Die Milch nach und nach dazugießen und alles zu einem weichen Teig rühren. Den Teig etwa 15 Minuten quellen lassen. • Inzwischen die Äpfel waschen, vierteln, vom Kernhaus befreien (nur schälen, falls die Äpfel gespritzt sind oder sehr harte Schalen haben). Die Apfelviertel in gleichmäßige, grobe Würfel schneiden. • Die Eiweiße steif schlagen und vorsichtig, doch gründlich unter den gequollenen Teig ziehen. 1 Eßlöffel Margarine in einer (möglichst beschichteten) Pfanne zerlaufen lassen. (Es empfiehlt sich, wegen der relativ langen Bratzeit mit zwei Pfannen gleichzeitig zu arbeiten.) ¼ der Apfelwürfel in der Pfanne verteilen. ¼ des Teiges mit einem großen Löffel gleichmäßig über den Apfelwürfeln verteilen. Einen Dekkel auflegen und den Pfannkuchen 10 Minuten bei kleiner Hitze backen. • Den Pfannkuchen mit einem flachen Teller oder Deckel wenden (den Teller umgedreht auf den Pfannkuchen legen, eine Hand auf den Teller halten und zusammen mit der Pfanne umdrehen). Dann den Pfannkuchen vom Teller oder Deckel in die Pfanne zurückgleiten lassen, dabei eventuell vorsichtig mit einem Bratenwender nachhelfen. Die andere Seite noch 5 Minuten bei kleiner Hitze zugedeckt backen.

Das paßt dazu: Zimthonig (Rezept Seite 64).

Kirschenmichel

Bild Seite 54

200 g Vollkornzwieback (Rezept Seite 86 oder Fertigprodukt) · 100 g Honig · 2 Messerspitzen gemahlene Vanille · abgeriebene Schale von ½ Zitrone (Schale unbehandelt) · ¼ l Milch · 100 g Sahne · 750 g frische Sauerkirschen · 3 Eier
Für die Form: etwas Butter oder Margarine

Pro Portion etwa 2300 Joule/545 Kalorien
Vorbereitungszeit: 35–40 Minuten
Backzeit: 1 Stunde bei 175°, mittlere Schiene

Die Zwiebäcke zerbrechen und in eine Schüssel geben. Den Honig darüber verteilen, die Vanille und die Zitronenschale darüberstreuen. Die Milch mit der Sahne aufkochen, über die Zwiebackstücke gießen und etwa 30 Minuten quellen lassen, dabei ab und zu umrühren. • Inzwischen die Kirschen waschen und von den Stielen und Kernen befreien. • Die Eier in Eigelb und Eiweiß

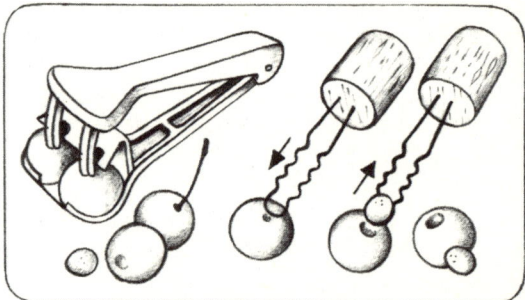

Wenn Sie viele Kirschen entsteinen müssen, können Sie es sich mit einem selbstgemachten oder gekauften Kirschenentkerner leichter machen.

trennen. Die Eigelbe unter die gequollene Zwiebackmasse rühren. Die Sauerkirschen vorsichtig daruntermischen. Die Eiweiße zu steifem Schnee schlagen und unter die Auflaufmasse ziehen. • Eine Auflaufform einfetten, die Masse einfüllen und den Kirschenmichel im vorgeheizten Backofen auf der Mittelschiene wie angegeben backen, bis die Oberfläche goldbraun ist.

Tip: Wenn Sie Ihre selbst eingekochten, entsteinten Sauerkirschen verwenden wollen, entspricht der Inhalt eines 1-Liter-Weckglases (ohne Flüssigkeit) etwa der obigen Menge frischer Kirschen. Backzeit dann 45 Minuten.

Süße Bandnudeln

*100 g Mandeln · 750 g reife, süße Aprikosen ·
100 g Honig · 50 g Butter · 3 Messerspitzen
gemahlene Vanille · 250 g Vollkornnudeln
(Bandnudeln)*

Pro Portion etwa 2755 Joule/655 Kalorien
Vorbereitungszeit: 20 Minuten
Garzeit: 10–15 Minuten

Die Mandeln in kochendem Wasser brühen, abschrecken und die Schalen abziehen (oder abgezogene Mandeln verwenden). Die Mandeln in
dünne Scheiben schneiden (das geht am besten
mit der Schneidtrommel des Reibe-Mouli). Die
Aprikosen waschen, halbieren, entsteinen und
längs in je 4–5 Schnitze schneiden. • Die Man-
delscheibchen, den Honig und die Butter in eine
geräumige Pfanne geben, die zerkleinerten Aprikosen zufügen, die Vanille darüberstreuen und
alles zugedeckt bei mittlerer Hitze unter gelegentlichem Wenden in 5–10 Minuten weich dünsten (je nach Reifegrad der Früchte). • Inzwischen die Nudeln, wie auf Seite 43 beschrieben,
kochen und abtropfen lassen. Die abgetropften
Nudeln unter die Aprikosenmasse mischen.

Variante: Die Aprikosenmasse zum Schluß ohne
Deckel bei starker Hitze unter öfterem Wenden
kochen lassen, bis die restliche Flüssigkeit verdampft ist und die Masse beginnt, zu karameli-
sieren (zu empfehlen, wenn die verwendeten
Früchte noch ziemlich fest waren).

Tip: Mit Weizenkeimnudeln schmeckte uns dieses Gericht besonders gut (obwohl das keine
reinen Vollkornnudeln sind).

Apfel-Streusel-Auflauf 🖊

Bestimmt haben Sie das auch schon erlebt: ein
Streuselkuchen steht zum Abkühlen in der Küche. Sogleich wird er zu einem magnetischen
Anziehungspunkt für kleine menschliche »Na-
ger«. Zuerst werden mit Sorgfalt solche Streusel
ausgesucht, deren Fehlen nicht auffällt. Doch mit
der Zeit schwinden alle Hemmungen und am En-
de sieht der schöne Kuchen ziemlich »gerupft«
aus. Machen Sie für Ihre »Mäuse« doch einmal
»Streusel ohne Kuchen«. Mit allerlei Wertvollem
wie Hirse, Haferflocken, Weizenkeimen und so
weiter werden die Vollkornstreusel noch gesünder und feiner.

*150 g Weizen · 50 g Hirse · 50 g sehr feine
Haferflocken (Instant- oder Schmelzflocken) ·
3 gestrichene Eßl. Weizenkeime ·
½ Teel. Zimtpulver · 2 Messerspitzen gemahlene
Vanille · 100 g Honig · 100 g Butter oder
Margarine · 750 g Äpfel · 50 g Haselnüsse,
Walnußkerne oder abgezogene Mandeln
Für die Vanillesauce: 2 Eßl. Honig · ½ l Milch ·
2 Messerspitzen gemahlene Vanille ·
6 gestrichene Teel. Arrowroot oder
Wildpfeilwurzelmehl, ersatzweise
Maisstärkepuder · 4 Eßl. Sahne
Für die Form: etwas Margarine*

Pro Portion etwa 3700 Joule/880 Kalorien
Vorbereitungszeit: 25–30 Minuten
Backzeit: 30 Minuten bei 200°, mittlere Schiene

Den Weizen und die Hirse mehlfein mahlen. Mit
den Haferflocken, den Weizenkeimen, dem Zimtpulver und der Vanille mischen. Den Honig und
die Butter oder Margarine in Flöckchen darübergeben. Alle Zutaten verkneten und zwischen den
Händen reiben, so daß kleine Streusel entstehen. Oder alle Zutaten mit den Teigrührern einer
Küchenmaschine mischen. • Die Äpfel waschen,

vierteln, vom Kernhaus befreien und in dünne Spalten schneiden. Die Nüsse oder Mandeln grobreiben. • Die Vanillesauce nach dem Rezept auf Seite 63, aber ohne Eigelb zubereiten. • Eine große flache Auflaufform ausfetten. Die Apfelspalten gleichmäßig auf dem Boden der Form verteilen, die geriebenen Nüsse oder Mandeln darüberstreuen und die Vanillesauce gleichmäßig darübergießen. Die Streusel gleichmäßig darauf verteilen, dabei zwischen den Fingern noch etwas zerbröseln (Vollkornbrösel mit Honig sind etwas »feuchter« als solche aus weißem Mehl und Zucker). • Den Auflauf im vorgeheizten Backofen auf der Mittelschiene bei 200° 30 Minuten backen, bis die Äpfel gar und die Streusel knusprig goldbraun sind. Den Auflauf etwa 1 Stunde abkühlen lassen.

Tip: Wenn Ihre Getreidemühle nicht sehr fein mahlt, müssen Sie eventuell etwas mehr Weizen verwenden.

Hefeklöße mit Mohn 🍴

Zutaten für 8 Klöße:
375 g Weizen · 4 gestrichene Eßl. Weizenkeime · 2 Messerspitzen gemahlene Vanille · 1 Würfel Hefe (42 g) · 2 Eßl. Honig · ⅛ l Milch · 20 g Butter · ½ Teel. Koch- oder Meersalz
Für die Mohnmasse: 150 g Mohn · 1 gestrichener Teel. Zimtpulver · 3 Messerspitzen gemahlene Vanille · 150 g Honig · 150 g Butter

Pro Stück etwa 2210 Joule/525 Kalorien
Vorbereitungszeit: 20–25 Minuten
Ruhezeit: etwa 30 Minuten
Garzeit: 10 Minuten

Den Weizen staub- oder mehlfein mahlen und in einer Schüssel mit den Weizenkeimen und der Vanille mischen. In die Mitte der Mehlmischung eine Vertiefung drücken, die Hefe hineinbröckeln und den Honig darüber verteilen. • Die Milch und die Butter in einem kleinen Topf auf Handwärme erwärmen und über die Hefe gießen. Die Milch mit der aufgelösten Hefe und etwas Mehl zu einem dicken Brei verrühren. Das restliche Mehl von Hand oder mit den Knethaken des elektrischen Handrührgerätes oder der Küchenmaschine unter den Teig kneten. Den Teig zugedeckt an einem warmen Platz etwa 15 Minuten gehen lassen. • Danach den Teig nochmals gründlich durchkneten. Sollte er noch klebrig sein, etwas Mehl zufügen. Den Teig wieder zugedeckt etwa 15 Minuten gehen lassen. • Inzwischen einen großen, weiten Topf oder zwei normale Kochtöpfe etwa 10 cm hoch mit Wasser füllen, etwas Salz zufügen und das Wasser zum Kochen bringen. Aus dem Teig 8 gleichgroße Klöße formen. Die Hefeklöße ins kochende Wasser legen und 10 Minuten bei kleiner Hitze garen; nach 5 Minuten vorsichtig umdrehen. • Inzwischen den Mohn mahlen und mit dem Zimtpulver und der Vanille mischen. Den Honig mit der Butter bei kleiner Hitze schmelzen lassen. Den Mohn zufügen und gründlich unter die Honig-Butter-Mischung rühren. • Einen kleinen Teller (Untertasse) umgedreht in eine Servierschüssel legen. Die Klöße mit einem Schaumlöffel aus dem Kochwasser nehmen und in die Schüssel geben. Die Mohnmasse über den Klößen verteilen oder getrennt dazu servieren.

Variante: Rohrnudeln
Aus dem gleichen Teig können Sie herrlich lockere, nahrhafte Rohrnudeln zubereiten. Eine große viereckige Auflaufform ausfetten. Aus dem obigen Teig 16 gleichgroße Klöße formen und in die Auflaufform legen. ¼ l Milch mit 2 Eßlöffeln Honig und 2 Messerspitzen gemahlener

Vanille verrühren und zu den Klößen gießen. Die Rohrnudeln bei 200°, mittlere Schiene, 20–25 Minuten backen, bis die Oberfläche goldbraun und die Milch aufgesogen ist. Die Farbe wird noch schöner, wenn man die heißen Rohrnudeln sofort, wenn sie aus dem Ofen kommen, mit kaltem Wasser besprüht oder bepinselt. Dazu paßt beliebiges Kompott oder Obstsalat.

Variante: Nudeln mit Mohn
Fertig gegarte Vollkornnudeln (siehe Seite 43) mit der Mohnmasse mischen (siehe Seite 60)

Zwetschgen- oder Aprikosenknödel

Bild Umschlag-Rückseite

Zutaten für 15 Knödel:
500 g mehlige Kartoffeln · 50 g Butter · 100 g sehr feine Haferflocken (Instant- oder Schmelzflocken) · 3 gestrichene Eßl. Vollsojamehl · 1 Messerspitze Meersalz · 3 Eier · 15 Zwetschgen oder Aprikosen (250-375 g) · 2 Eßl. fester Honig · 1 gestrichener Teel. Koch- oder Meersalz
Zum Wälzen: 100 g Butter oder Margarine · 50 g Vollkornbrösel (Graham-Paniermehl)

Pro Stück etwa 2925 Joule/695 Kalorien
Vorbereitungszeit: 20 Minuten
Garzeit für die Kartoffeln: etwa 30 Minuten
Quellzeit für den Teig: etwa 15 Minuten
Garzeit für die Knödel: 20 Minuten

Die Kartoffeln mit der Schale in wenig Wasser oder in Dampf in etwa 30 Minuten garen (kleine sind schneller gar). • Die Pellkartoffeln mit kaltem Wasser abschrecken, heiß schälen und sofort durch eine Kartoffel- oder Spätzlepresse

drücken. Die Butter in Flöckchen auf die heiße Kartoffelmasse geben. Die Haferflocken, das Sojamehl und 1 Messerspitze Meersalz zufügen und alles mischen. Die Eier nacheinander gründlich unter die Masse rühren, so daß ein geschmeidiger Teig entsteht. Den Teig etwa 15 Minuten quellen lassen. • Die Früchte waschen, entsteinen und den Stein durch etwas festen Honig ersetzen. Einen weiten Topf knapp 10 cm hoch mit Wasser füllen, etwa 1 Teelöffel Salz zufügen und zum Kochen bringen. • Den Teig in 15 gleichgroße Stücke teilen. In jedes Stück eine Vertiefung drücken, die gefüllte Frucht hineingeben und einen Knödel mit der Frucht in der Mitte formen. Die Knödel im schwach siedenden Wasser 20 Minuten gar ziehen lassen. • Sobald die Knödel gar sind, 100 g Butter oder Margarine in einer Pfanne zerlaufen lassen, die Brösel hineinschütten und bei starker Hitze so lange rühren, bis es aufschäumt (das dauert 1–2 Minuten). Die Pfanne vom Herd nehmen. • Die Knödel mit einem Schaumlöffel aus dem Topf nehmen und in den gerösteten Bröseln wälzen. In einer vorgewärmten Schüssel oder gleich in der Pfanne servieren.

Das paßt dazu: Zimthonig (Rezept Seite 64), mit dem man die Knödel bei Tisch beträufelt.

Saucen, pikant und süß

Saucen bereichern die Farbenpalette auf dem Teller. Als Bindemittel bietet sich für salzige Saucen frisch gemahlener, feiner Weizen- (oder Roggen-)schrot an. Einfach langsam in die kochende Flüssigkeit einstreuen, gleichzeitig mit dem Schneebesen umrühren, 1–2 Minuten kochen lassen – fertig. Arrowroot (Pfeilwurzelmehl) oder Wildpfeilwurzelmehl sind natürlich gewonnene Speisestärken zum Binden von süßen Saucen (oder Puddings).

»Ketchup«-Sauce 🔒

Ernährungsbewußten Müttern ist die Liebe ihrer Kinder zum Ketchup ein Dorn im Auge, enthält er doch unter anderem relativ viel Zucker und in manchen Zubereitungen auch Konservierungsstoffe. Kochen Sie ab und zu Nudeln mit der folgenden Sauce. Vielleicht rückt dann die Ketchupflasche im Kühlschrank etwas weiter nach hinten? Die Sauce hält sich verschlossen und gut gekühlt 4–5 Tage.

100 g Tomatenmark · 2 Eßl. Honig · 1 gestrichener Eßl. Vollsojamehl · 2 gestrichene Eßl. frisch gemahlenes Weizenvollkornmehl · 1 Eßl. Sojasauce · ½ Teel. edelsüßes Paprikapulver · je 2 Messerspitzen Piccata und Curry · 2 Messerspitzen getrockneter, gerebelter Oregano · ½ Tasse Obstessig · ¼ l Wasser

Pro Portion etwa 375 Joule/90 Kalorien
Zubereitungszeit: 10 Minuten

Das Tomatenmark mit dem Honig, dem Sojamehl, dem Weizenmehl, der Sojasauce und den Gewürzen in einem Topf glattrühren, den Essig und das Wasser nach und nach unterrühren. Alles zusammen unter Rühren aufkochen und knapp 5 Minuten kochen lassen.

Variante: Zigeuner-Sauce
2 Zwiebeln und 2 Knoblauchzehen schälen und feinschneiden, in 2 Eßlöffeln Olivenöl glasig braten. 1 grüne Paprikaschote längs vierteln, waschen, von Kernen und Stengelansatz befreien, quer in feine Streifen schneiden, zu den Zwiebeln geben und alles unter gelegentlichem Wenden 2–3 Minuten andünsten. Inzwischen die Zutaten für die »Ketchup«-Sauce in einem anderen Gefäß anrühren, zu den Zwiebeln und Paprikastreifen gießen, aufkochen und etwa 5 Minuten auf kleiner Hitze kochen lassen, bis die Paprikastreifen gar sind.

Paßt gut zu: Nudeln, Reis oder Zigeunerspießen (Rezept Seite 47).

Erdnußsauce 🔒

100 g Erdnüsse (frisch geschält und ungesalzen) · 50 g Butter · 50 g Dinkel oder Weizen · 1 gestrichener Teel. Meersalz · 2 Messerspitzen Kurkuma · etwa 1 Messerspitze frisch gemahlener weißer Pfeffer · ⅜ l Wasser · 2 Eßl. feingehackte Petersilie

Pro Portion etwa 1440 Joule/345 Kalorien
Zubereitungszeit: 20 Minuten

Die Erdnüsse in einer trockenen, schweren Eisen- oder Edelstahlpfanne bei kleiner bis mittlerer Hitze unter gelegentlichem Wenden rösten, bis sie leicht Farbe bekommen und angenehm duften (das dauert etwa 5 Minuten). Die Nüsse auf einem Teller etwas abkühlen lassen und feinreiben. Die Butter in der noch heißen Pfanne zerlaufen lassen. Den Dinkel oder Weizen mittelfein mahlen und zusammen mit den geriebenen Erdnüssen, dem Salz und den Gewürzen in die Pfanne zur Butter geben. Alles unter Wenden bei mittlerer Hitze kurz anbraten. Das Wasser auf einmal dazugießen, unter Rühren einige Male aufkochen lassen und die Sauce bei kleiner Hitze noch 5 Minuten kochen lassen. Vom Herd nehmen und die Petersilie daruntermischen.

Paßt gut zu: Nudeln, zum Beispiel Hörnchen mit Möhren (Rezept Seite 43), oder zu Blumenkohl.

Champignonsauce 🗊

1 kleine Zwiebel oder Schalotte · 100 g frische Champignons · 1 Möhre (etwa 100 g) · 2 Eßl. Butter · 2 Eßl. feingehackte Petersilie · 1 Eßl. Weizen · 1 Tasse Milch · 1 Tasse Wasser · etwa ¼ Teel. Meersalz · eventuell etwas frisch gemahlener schwarzer Pfeffer

Pro Portion etwa 455 Joule/110 Kalorien
Vorbereitungszeit: 10 Minuten
Garzeit: etwa 15 Minuten

Die Zwiebel oder Schalotte schälen und feinschneiden. Die Pilze waschen, putzen und in feine Scheibchen schneiden, große zuvor halbieren. Die Möhre waschen, putzen und sehr fein würfeln. • Die Zwiebelwürfel in der Butter in einem kleinen Topf bei kleiner Hitze glasig braten. Die Champignonscheibchen, die Möhrenwürfel und 1 Eßlöffel Petersilie zugeben und alles zugedeckt unter gelegentlichem Wenden 10 Minuten dünsten. • Den Weizen feinmahlen und mit der Milch, dem Wasser, dem Salz und eventuell dem Pfeffer (für größere Kinder und Erwachsene) glattrühren. Das Angerührte in den Topf gießen und die Sauce unter öfterem Umrühren noch etwa 3 Minuten kochen lassen. • Den Topf vom Herd nehmen. Die restliche Petersilie untermischen und die Champignonsauce eventuell noch mit Salz und Pfeffer abschmecken.

Paßt gut zu: Nudeln, Pellkartoffeln, Kartoffelpüree (Rezept Seite 49), Reis-, Hirse-, Weizen-, Gersten- oder Grünkerngrütze (Rezepte Seite 33, 34).

Vanillesauce

Beim Kochen von Pudding und Saucen mit Honig ist der Arbeitsablauf etwas anders. Mit der gewohnten Methode (Honig statt Zucker mit der Stärke angerührt) würde das gleiche passieren, das Sie erleben, wenn Sie beim Puddingkochen den Löffel ablecken: Im Speichel beziehungsweise im Honig enthaltene Fermente »verdauen« einen Teil der Stärke, und der Pudding oder die Sauce wird flüssig statt fest. Die unten und auf Seite 67 bei Tuttifrutti beschriebene Arbeitsfolge verhindert das.

1 Eßl. Honig (heller Blütenhonig ohne starken Eigengeschmack) · ¼ l Milch · 1 Messerspitze gemahlene Vanille · 3 gestrichene Teel. Arrowroot oder Wildpfeilwurzelmehl, ersatzweise Maisstärkepuder · 1 Eigelb · 2 Eßl. Sahne

Pro Portion etwa 455 Joule/110 Kalorien
Zubereitungszeit: 5 Minuten

Den Honig in einem kleinen Topf erhitzen. Die Milch mit der Vanille und der Stärke verquirlen. Die angerührte Milch in den Topf zum Honig gießen und alles mit dem Schneebesen so lange rühren, bis die Sauce aufkocht. • Den Topf vom Herd nehmen. Das Eigelb mit der Sahne verquirlen und sofort unter die heiße Sauce rühren. Während des Erkaltens ab und zu umrühren, damit sich keine Haut bildet.

Paßt gut zu: roter Grütze oder zu Schokoladenflammeri (Rezept Seite 66).

Saucen, pikant und süß

Schokoladensauce

*50 g honiggesüßte Schokolade (Reformhaus) ·
1 Eßl. Honig · 2 gestrichene Teel. Kakao ·
1 Messerspitze Zimtpulver · ¼ l Milch ·
2 gestrichene Teel. Arrowroot oder Wildpfeilwurzelmehl, ersatzweise Maisstärkepuder*

Pro Portion etwa 610 Joule/145 Kalorien
Zubereitungszeit: 10 Minuten

Die Schokolade in Stücke brechen und zusammen mit dem Honig, dem gesiebten Kakao und
dem Zimtpulver in einen kleinen Topf geben. Auf
sehr kleiner Hitze oder im Wasserbad unter Rühren schmelzen lassen. • Inzwischen die Milch
mit der Stärke verquirlen. Die angerührte Milch
zu der geschmolzenen Schokoladenmischung
gießen und alles mit dem Schneebesen so lange
rühren, bis die Sauce aufkocht. Den Topf vom
Herd nehmen. Die Schokoladensauce während
des Erkaltens ab und zu umrühren, damit sich
keine Haut bildet.

Paßt gut zu: Grießflammeri (Rezept Seite 66)
oder zu Apfelsinen- oder Haselnußpudding.

Fruchtsauce

*50 g Himbeeren oder Brombeeren ·
1 Eßl. Honig · 1 Messerspitze abgeriebene
Zitronenschale (Schale unbehandelt) ·
reichlich ¼ l Wasser · 1 gestrichener Eßl.
Arrowroot oder Wildpfeilwurzelmehl,
ersatzweise Maisstärkepuder ·
1–2 Teel. Zitronensaft*

Pro Portion etwa 185 Joule/45 Kalorien
Zubereitungszeit: 10 Minuten
Kühlzeit: 50-60 Minuten

Die Beeren waschen, putzen und zusammen mit
dem Honig, der Zitronenschale und 1 Eßlöffel
Wasser in einem kleinen Topf 2–3 Minuten kochen lassen, bis man die Beeren zerdrücken
kann. • Inzwischen ¼ Liter Wasser mit der Stärke
verquirlen. Zu den Beeren gießen und unter Rühren mit einem Schneebesen aufkochen. Die Sauce abkühlen lassen; dabei ab und zu umrühren.
Mit Zitronensaft abschmecken.

Paßt gut zu: Grießflammeri (Rezept Seite 66).

Zimthonig

»Zucker-und-Zimt« ist ein unentbehrliches
Streumittel für alles Mögliche, was Kinder gern
essen, Apfelpfannkuchen (Rezept Seite 57),
Milchreis, Grießbrei und so weiter. Eine »Voll-
wertköchin« hat aber gar keinen Zucker im Haus,
probieren Sie also Zimthonig. Er wird über die
Speisen gespritzt, das macht genauso viel Spaß
und schmeckt noch besser.

*¼ Vanilleschote · 2 Zimtstangen (etwa
8 cm lang) · ¼ l Wasser · ½ Glas flüssiger
Honig (250 g)*

Insgesamt etwa 3190 Joule/760 Kalorien
Vorbereitungszeit: 10 Minuten
Garzeit: 30 Minuten

Die Vanilleschote der Länge nach aufschlitzen,
die Zimtstangen zerbrechen. Beides in einen
kleinen Topf geben, das Wasser dazugießen und
alles zugedeckt 15 Minuten kochen; dann in etwa 15 Minuten ohne Deckel auf ungefähr ¹⁄₁₆ Liter
einkochen lassen. • Die Flüssigkeit durch ein
Sieb gießen und mit dem Honig mischen. Diesen
Zimthonig in eine Spritzflasche (von Speisen-
würze, gut gereinigt) füllen und darin aufbewahren. Er hält sich kühl gestellt fast unbegrenzt.

Desserts und Naschereien

Wir alle erinnern uns aus der Kindheit an Träume von herrlich Süßem, Leichtem, Lockerem, das nach der eigentlichen Mahlzeit auf dem Tisch erschien und Auge wie Gaumen erfreute. Auch eine vollwertige, gesunde Nachspeise kann den krönenden Abschluß eines fröhlichen, genußreichen Familienessens bilden. Es muß ja nicht jeden Tag sein, oder?

Vor allem der Pudding ist bei Kindern Favorit unter den Desserts. Im Reformhaus und Naturkostladen gibt es Puddingpulver aus Maisstärke mit natürlichen Aromen und ohne Farbstoffe. Die Kochvorschriften sind allerdings meist mit Zucker beschrieben. Wenn Sie Honig (geschmacksneutralen, hellen Blütenhonig) verwenden wollen, müssen Sie zunächst den Honig in den Kochtopf geben und erhitzen. Dann das Puddingpulver mit der Milch mit dem Schneebesen verquirlen und zum Honig in den Topf gießen. Die Masse rühren und aufkochen, wie üblich (siehe auch Rezept »Vanillesauce« Seite 63). Auch mit Arrowroot oder Wildpfeilwurzelmehl (statt der üblichen Maisstärke) gelingt ein feiner Pudding; allerdings kann man diesen nicht stürzen.

Beim Pudding mit Honig müssen Sie probieren, welcher Süßungsgrad richtig ist, denn nachsüßen können Sie den Pudding nicht. Mit 80 g Honig (1 Eßlöffel Honig = etwa 40 g je nach Konsistenz des Honigs, bei dickflüssigem wird es mehr, bei dünnflüssigem weniger) wird der Pudding sehr süß. Sie können nach und nach auf 60 g zurückgehen, das ist genug.

Übrigens kann man in Puddings auch Quark gut »verstecken« und frische Früchte darin schmackhaft machen.

Süßigkeiten wird man keinem Kind ganz ausreden können. Wenn es zu Hause nichts bekommt, findet es ganz sicher Mittel und Wege, um sich anderswo etwas zu beschaffen. Wie diese Naschereien dann aussehen und woraus sie bestehen, das können wir beim Warten vor der Supermarktkasse beobachten. Also, wenn schon naschen, dann in Reform- oder Naturkostladen-Qualität, oder noch besser Selbstgemachtes ohne Zucker. Ganz einfach selbst herzustellen und sehr beliebt ist zum Beispiel »Studentenfutter« (ungeschwefelte Rosinen und gemischte Nüsse).

Eine Alternative zu Salzstangen finden Sie außerdem auf Seite 85 (Knabberstangen).

Himbeercreme

150 g Schichtkäse (10% Fett) oder 200 g Magerquark (siehe Tip) · 100 g frische oder tiefgefrorene Himbeeren · ½ Teel. abgeriebene Zitronenschale (Schale unbehandelt) · etwa ⅛ Milch · 2 Eßl. Honig · Saft von ½ Zitrone · 2 Kiwi · 100 g Sahne

Pro Portion etwa 890 Joule/210 Kalorien
Zubereitungszeit: 15 Minuten; tiefgefrorene Himbeeren zuvor bei Zimmertemperatur in 1–2 Stunden auftauen lassen.

Den Schichtkäse durch ein Sieb streichen (bei Magerquark ist das nicht nötig). Den Schichtkäse oder den Quark mit den Himbeeren, der Zitronenschale, der Milch und dem Honig gründlich verrühren, so daß eine rosarote Creme entsteht. Den Zitronensaft zufügen. • Die Kiwi schälen, von einer Frucht 4 dünne Scheiben abschneiden und beiseite stellen. Das restliche Fruchtfleisch feinwürfeln. Die Sahne steif schlagen. Die Kiwiwürfel und etwa ¾ der Sahne vorsichtig unter die Quarkcreme mischen. Das Dessert in vier Glasschälchen oder Eisbechern verteilt anrichten und mit der restlichen Sahne und den Kiwischeiben garnieren. Sofort servieren.

Tip: Wenn Sie statt Schichtkäse Magerquark verwenden, sollten Sie etwa 200 g Quark und die halbe Milchmenge nehmen. Quark und Schicht-käse von verschiedenen Molkereien haben unterschiedlichen Flüssigkeitsgehalt. Rühren Sie Quarkspeisen zunächst mit etwas weniger Flüssigkeit an und fügen Sie dann erst weitere Flüssigkeit bis zur gewünschten Konsistenz hinzu.

Grießflammeri

½ l Milch · 2 Messerspitzen gemahlene Vanille · ½ Teel. abgeriebene Zitronenschale (Schale unbehandelt) · 75 g Vollkorn-Kindergrieß (Granovita) · 1 Teel. Butter · 2 Eier · 2 Eßl. flüssiger Honig

Pro Portion etwa 1040 Joule/250 Kalorien
Zubereitungszeit: 15 Minuten
Abkühlzeit: 2–3 Stunden

Die Milch mit der Vanille und der Zitronenschale zum Kochen bringen. Den Grieß langsam und gleichmäßig in die kochende Milch einstreuen, dabei mit dem Schneebesen ständig rühren. Den Flammeri unter Rühren etwa 2 Minuten auf kleiner Hitze kochen lassen. • Den Topf vom Herd nehmen. Die Butter auf den Grieß geben und schmelzen lassen. Die flüssige Butter gründlich unter die Grießmasse rühren. Die Eier in Eigelb und Eiweiß trennen. Den Honig mit den Eigelben verrühren, schnell und gründlich untermischen. Die Eiweiße sehr steif schlagen und den Eischnee vorsichtig unterheben. • Eine Sturzform oder eine Schüssel mit kaltem Wasser ausspülen und die Masse hineinfüllen. Den Flammeri 2–3 Stunden auskühlen lassen. • Auf einen Teller gestürzt anrichten.

Das paßt dazu: Frucht- oder Schokoladensauce (Rezept Seite 64).

Varianten: 50 g abgezogene, geriebene Mandeln zusammen mit der Milch zum Kochen bringen und/oder 50 g Rosinen zusammen mit der Butter unter den Flammeri mischen.

Variante: Schokoladenflammeri
Orangen- statt Zitronenschale nehmen und 1 Eßlöffel gesiebten Kakao mit dem Honig und den Eigelben verrühren. Auch Mandeln und/oder Rosinen (wie oben) passen in den Schokoladenflammeri sehr gut. Zum Schokoladenflammeri schmeckt Vanillesauce (Rezept Seite 63).

Rote Grütze

Viele Kinder mögen rote Grütze für ihr Leben gern. Das folgende Rezept macht wenig Arbeit. Es ist besonders gesund, weil die Früchte nicht gekocht werden und als Dickungsmittel Agar Agar verwendet wird.

250 g gemischte Beeren und Früchte, zum Beispiel Erdbeeren, Himbeeren und schwarze Johannisbeeren oder rote und schwarze Johannisbeeren und Himbeeren oder entsteinte Sauerkirschen, Stachelbeeren und Himbeeren · 1 Tasse Wasser · ½ Teel. abgeriebene Zitronenschale (Schale unbehandelt) · 2 gestrichene Teel. Agar Agar · etwa 2 Eßl. Honig

Pro Portion etwa 310 Joule/75 Kalorien
Zubereitungszeit: 15 Minuten
Kühlzeit: etwa 2 Stunden

Die Beeren beziehungsweise Früchte waschen, putzen und in den Mixer füllen. Das Wasser dazugießen und alles zusammen feinmixen (etwa 60 Sekunden). • Das Fruchtmus in einen kleinen Topf gießen und die Zitronenschale zufügen. Das Agar Agar mit etwas Wasser glattrühren und so-

Desserts und Naschereien

fort unter den Fruchtbrei mischen. Mit dem Honig abschmecken. Die Mischung im Topf langsam erhitzen, bis sie dampft (bei etwa 60°). Den Topf vom Herd nehmen und zugedeckt 5 Minuten stehenlassen. • Inzwischen eine kleine Schüssel oder Sturzform mit kaltem Wasser ausspülen. Die rote Grütze hineinfüllen und etwa 2 Stunden auskühlen lassen. • Vor dem Servieren stürzen.

Das paßt dazu: Vanillesauce (Rezept Seite 63).

Tuttifrutti

Bild 3. Umschlagseite

10 Vollkornzwiebäcke (Fertigprodukt oder selbstgemacht nach dem Rezept auf Seite 86). · 250 g beliebige gemischte Früchte, zum Beispiel Erdbeeren, Himbeeren, Blaubeeren, Brombeeren, entsteinte Süß- und Sauerkirschen und/oder entkernte, grob zerkleinerte Orangen- oder Mandarinenspalten · eventuell etwas flüssiger Honig
Für die Sauce: 2 Eßl. Honig · ½ l Milch · 2 Messerspitzen gemahlene Vanille · 6 gestrichene Teel. Arrowroot oder Wildpfeilwurzelmehl, ersatzweise Maisstärkepuder · 2 Eigelbe · 4 Eßl. Sahne

Pro Portion etwa 1385 Joule/330 Kalorien (mit Erdbeeren)
Zubereitungszeit: 25 Minuten
Kühlzeit: 3–4 Stunden

Die Zwiebäcke zerbrechen und in einer großen Glasschüssel auf dem Boden und am Rand verteilen. Die Früchte waschen und putzen, dann auf die Zwiebackstücke schichten. Bei Bedarf (wenn die Früchte ziemlich sauer sind) etwas Honig darüberträufeln. • Eine Vanillesauce, wie

auf Seite 63 beschrieben, jedoch mit den oben genannten Zutatenmengen, zubereiten und vorsichtig über die Früchte und den Zwieback gießen. 3–4 Stunden abkühlen und durchziehen lassen.

»Fürst-Pückler«-Pudding

3 Eßl. Honig · ½ Päckchen Schokoladenpudding (Natura) · ¾ l Milch · 1 Messerspitze Zimtpulver · 1 Päckchen Apfelsinenpudding (Natura) · 250 g Magerquark · 100 g frische oder tiefgefrorene Himbeeren

Pro Portion etwa 1330 Joule/315 Kalorien
Zubereitungszeit: 15 Minuten; tiefgefrorene Himbeeren zuvor auftauen lassen
Kühlzeit: etwa 45 Minuten und 3–4 Stunden

Eine große Glasschüssel oder vier große Kelchgläser oder Eisbecher kalt ausspülen. 1 Eßlöffel Honig in einem Topf bei kleiner Hitze schmelzen lassen. Das Schokoladenpuddingpulver und ¼ Liter Milch mit dem Schneebesen verquirlen und zum Honig in den Topf gießen. Die Mischung unter Rühren mit dem Schneebesen erhitzen, bis sie dicklich wird. Den Pudding ein paarmal aufkochen lassen (ständig rühren) und den Topf vom Herd nehmen. • Den Zimt und ⅓ vom Magerquark mit dem Schneebesen unter den heißen Pudding rühren. Den Schokoladenpudding in die Schüssel füllen oder in den einzelnen Gläsern verteilen und 30 Minuten abkühlen lassen. • Den restlichen Honig in einem anderen Topf schmelzen lassen. Den restlichen ½ Liter Milch mit dem Apfelsinenpuddingpulver verquirlen, zum Honig gießen und wie oben einen Pudding kochen. • Die restlichen ⅔ Quark mit dem Schneebesen unter den heißen Pudding rühren. Die Hälfte des Quark-Apfelsinen-Puddings mit einem Eßlöffel vorsichtig auf dem Schokoladen-pudding verteilen und 15 Minuten abkühlen lassen. • Die Himbeeren mit dem Schneebesen gründlich unter die andere Hälfte des heißen Puddings rühren; zugedeckt stehenlassen und gelegentlich umrühren, während der helle Pudding abkühlt. • Den Himbeerpudding als letzte Schicht obenauf vorsichtig in die Schüssel oder Gläser verteilen und glattstreichen. Den »Fürst-Pückler«-Pudding 3–4 Stunden auskühlen lassen.

Tofuzzi-Eiscreme

Wenn die Temperaturen draußen klettern, macht Eisessen Spaß. Aber wenn schon Eis, dann lieber aus hochwertigen Zutaten und selbstgemacht. Mit Hilfe des »Alleskönners« Soja (Tofu ist Sojakäse oder -quark, in Reformhäusern und Naturkostläden erhältlich) gelingt ohne Eismaschine ein cremiges, vorzügliches Eis. Die Idee stammt übrigens aus den USA. Dort ist Tofu zur Zeit hoch im Kurs, und man macht unter anderem auch Eiscreme daraus.

Zutaten für etwa 30 Eiskugeln:
125 g Tofu (Sojaquark oder -käse) · 1 Banane ·
2 Eßl. Honig · Saft von ½ Zitrone ·
1 Teel. abgeriebene Orangenschale (Schale
unbehandelt) · ¼ l Milch · 200 g Sahne ·
2 Messerspitzen gemahlene Vanille

Pro Eiskugel etwa 170 Joule/40 Kalorien
Zubereitungszeit: 15 Minuten
Gefrierzeit: etwa 3 Stunden

Den Tofu etwas zerkleinern, die Banane schälen und in Stücke brechen. Den Tofu, die Bananenstücke, den Honig, den Zitronensaft, die Orangenschale und die Milch zusammen in den Mixer füllen und feinmixen (etwa 60 Sekunden). Die Masse knapp 10 Minuten stehenlassen. • Inzwischen die Sahne mit der Vanille sehr steif schlagen. Die Schlagsahne gründlich unter die Tofucreme ziehen. Die Masse in eine flache Schüssel füllen und in das Gefriergerät oder das Gefrierfach des Kühlschrankes stellen. • Die Eiscreme nach jeweils 1 Stunde umrühren, so daß das bereits Gefrorene vom Schüsselrand ins Innere gelangt und die Eiskristalle etwas zerkleinert werden. Nach etwa 3 Stunden ist das Eis fertig.

Varianten: Für Schokoladeneis 4 Teelöffel Kakao und 1 Eßlöffel Honig zusätzlich mit der Tofucreme mixen. • Für Fruchteis 150 g Himbeeren oder aromatische Erdbeeren mit nur der Hälfte der Milch (⅛ l), jedoch 1 Eßlöffel Honig zusätzlich mixen.

Kornmäuschen

Eine gesunde Schleckerei aus rohem Getreide, die sich vielfältig variieren läßt und bei deren Zubereitung »Helfen« Spaß macht: Nüsse knacken und reiben, Kugeln drehen und so weiter.

Zutaten für etwa 30 Stück:
50 g Walnuß- oder Haselnußkerne ·
100 g Weizen oder Nacktgerste oder Nackthafer
oder Naturreis · 3 Messerspitzen gemahlene
Vanille · 60 g Butter · 120 g Honig · 50 g feine
Haferflocken

Pro Stück etwa 215 Joule/50 Kalorien
Zubereitungszeit: 30 Minuten

Die Nüsse grobreiben und in einer trockenen, schweren Eisen- oder Edelstahlpfanne 3–4 Minuten bei mittlerer Hitze unter gelegentlichem Wenden rösten. • Inzwischen das Getreide mehlfein mahlen (Hafer mittelgrob mahlen, oder, falls die Getreidemühle dafür nicht geeignet ist, die Körner im Gefriergerät vorfrieren). Das Mehl und die Vanille zu den Nüssen in die Pfanne schütten und alles zusammen unter Rühren etwa 5 Minuten auf kleiner Hitze rösten. • Die Herdplatte ausschalten. Die Butter und den Honig zufügen und die Pfanne so lange auf der heißen Herdplatte stehenlassen, bis die Butter geschmolzen ist. • Alles in der Pfanne gründlich vermengen. Die Haferflocken zufügen und gut unter die Mischung rühren. Die Masse abkühlen lassen, bis sie sich anfassen läßt. • Aus der noch warmen Mischung haselnußgroße Kugeln formen. Die »Kornmäuschen« einige Stunden auskühlen lassen. In einem gut verschlossenen Behälter kühl und trocken aufbewahrt, bleiben sie mindestens 2 Wochen frisch.

Tip: Auch hier lassen sich Weizenkeime »unsichtbar« verstecken, indem man 10 g der Haferflocken zum Binden durch Weizenkeime ersetzt. • Für Kinder mit Getreideeiweißallergie die Masse aus Reis zubereiten und zum Schluß mit frischgemahlenem Reismehl statt mit Haferflocken binden.

Variante: Braune Kornmäuschen
Dem frisch gemahlenen Getreide 2 gestrichene Eßlöffel Kakao oder Karob oder je 1 Eßlöffel von beidem untermischen.

Variante: Mohnmäuschen
100 g Mohn mahlen und mit ½ Teelöffel Zimt und 2 Messerspitzen gemahlener Vanille mischen. Das Getreide wie oben mahlen, (ohne Nüsse) rösten und beiseitestellen. Die Butter mit dem Honig in der Pfanne schmelzen lassen, die Mohnmischung gründlich darunterrühren, das geröstete Mehl und die Haferflocken zufügen. Alles gründlich mischen und zu Kugeln formen wie bei den Kornmäuschen beschrieben.

Malz-Softies 🍴

100 g Haselnüsse · 100 g Weizen ·
1 gestrichener Eßl. Vollsojamehl ·
je 2 gestrichene Teel. Kakao und Karob ·
je 2 Messerspitzen Zimtpulver und gemahlene
Vanille · je 2 Eßl. Honig und Malzextrakt ·
200 g Sahne
Zum Einfetten: etwas Öl

Pro Stück etwa 350 Joule/85 Kalorien
Zubereitungszeit: 20–25 Minuten

Die Nüsse in einer trockenen, schweren Eisen- oder Edelstahlpfanne bei mittlerer Hitze unter öfterem Wenden rösten, bis sie angenehm duften und die braunen Schalen zu platzen beginnen. Die gerösteten Nüsse etwas abkühlen lassen und feinreiben. Den Weizen mehlfein mahlen und mit dem Sojamehl, dem Kakao, dem Karob, dem Zimt sowie der Vanille gründlich mischen. • Den Honig und das Malz in einer Pfanne bei kleiner Hitze schmelzen lassen, die Sahne dazugießen und rühren, bis sich alles miteinander verbunden hat. Das Mehlgemisch bei kleiner Hitze nach und nach unterrühren, bis eine gleichmäßige Masse entstanden ist (das dauert 2–3 Minuten). • Die Pfanne vom Herd nehmen und die geriebenen Nüsse unter die Masse rühren. Ein großes Frühstücksbrett oder ein Stück Pergamentpapier leicht mit Öl einfetten. Die heiße Masse mit einem Messer oder Teigschaber gleichmäßig etwa 1 cm dick daraufstreichen und erkalten lassen. • Die Platte in etwa 1 cm große Würfel schneiden. Die Softies sind eßfertig. • Die Würfel etwa 24 Stunden austrocknen lassen, in einem gut verschlossenen Gefäß kühl und trocken aufbewahren; so bleiben sie 5–6 Tage frisch.

Frühstück und Pausebrot

Wenn man der Werbung mancher cleverer Lebensmittelhersteller glaubt, entscheidet das Frühstück geradezu darüber, wie die Zeugnisse und damit die ganze Zukunft unserer Kinder ausfallen werden. Vermutlich ist das übertrieben, aber richtig ist sicher, daß das Frühstück für die Leistungsfähigkeit der Kinder am Vormittag entscheidend ist. Kinder haben noch wenig Reserven, die Verdauungsvorgänge laufen schneller ab, die Energie muß immer durch richtige und rechtzeitige Nahrungszufuhr erneuert werden. Das phantasielose Einheitsfrühstück mit Brötchen, Butter, Marmelade und Kaffee ist daher für Kinder absolut ungeeignet. Diese reichliche Zufuhr von weißem Zucker und weißem Mehl als »leeren Kalorienträgern« bewirkt zwar eine schnelle Leistungssteigerung, danach aber einen genauso schnellen Leistungsabfall mit Hungergefühl. Vollwertige Nahrungsmittel jedoch, Vollgetreide, Honig, Quark, Obst und so weiter, am besten als Müsli zubereitet, sind die Grundlage für eine gleichmäßige Energiekurve über den ganzen Vormittag. Entwickeln wir also zusammen mit unseren Kindern bessere Frühstücksgewohnheiten, mit viel Abwechslung, mit kräftigen, gesunden Zutaten und mit etwas mehr Zeit für einen fröhlichen Start in den Tag. Alle Müslis nach den Rezepten dieses Kapitels eignen sich für Kinder ab 2–3 Jahren.

Das richtige Frühstück muß gut schmecken, damit es auch gegessen wird. Für die Brotaufstriche gilt das gleiche. Die Frühstücksbrote der kleinen Kinder ebenso wie die Pausebrote der Schulkinder fordern unsere Phantasie. Das übliche sind: Butter, Käse, Wurst, Marmelade und Nougatcremes, von deren Gesundheitswert uns die Werbung ständig überzeugen will (deren hohen Zucker- und Fettgehalt sie jedoch verschweigt!). Versuchen wir doch, in das Schulfrühstück beziehungsweise aufs Frühstücksbrot mehr Abwechslung zu bringen. Die Rezepte liefern einige Anregungen. Das einfachste, nämlich Gurken-, Tomaten-, Radieschen- oder auch Apfelscheiben auf Butterbrot wird von Kindern meist gern gegessen, auch gutes Öl, mit etwas Salz und feingehackten Kräutern gemischt zum »Tunken«, ist sehr gesund und beliebt. Ein gutes selbstgebackenes Vollkornbrot schmeckt übrigens auch ohne alles (besonders Kindern), und wenn ein Kind es gern so mag, sollte man ihm nicht ständig noch mehr Kalorien in Form von Brotaufstrichen aufdrängen – besonders wenn es die Kalorien gar nicht nötig hat!

Zu den Rezepten dieses Kapitels sollten Sie als Ergänzung auch die »Guten-Morgen-Suppe« auf Seite 22, die Müsli-Variante auf Seite 15 (Tip nach Bananensalat) und vor allem die Rezepte für selbstgebackenes Brot (Seite 82–85) beachten.

Frischkornmüsli

Ob alle Kinder täglich ein Frischkornmüsli essen sollen, darüber gibt es bei den Fachleuten für gesunde Ernährung unterschiedliche Meinungen. Jeden Tag eine gewisse Menge frisch gemahlenes oder geschrotetes Getreide roh zu essen, ist auf jeden Fall erstrebenswert. Wenn bei einem Kind aber ein ausgesprochener Widerwille gegen solche Müslis besteht, sollte man es sicher nicht zwingen, sondern lieber nach und nach etwas frisch gemahlenes, rohes Getreide unter andere Frühstücksgerichte mogeln. Mit der Zeit und durch Ausprobieren verschiedener Getreidearten und Zubereitungen wird dann sicher auch das Frischkornmüsli akzeptiert.

Zutaten für 1 Portion:
2 Eßl. Weizen, Roggen, Nacktgerste oder Nackthafer · etwas Wasser · 1–2 Teel. Honig · ½ Tasse Milch oder 2–3 Eßl. Sahne · ½ Apfel oder 2 Eßl. Beeren · ½ Banane · 1 Eßl. gemahlene Walnüsse, Haselnüsse, Mandeln, Erdnüsse

oder Kokosflocken · eventuell etwas Zitronensaft oder 1 gestrichener Teel. Kakao und etwas gemahlene Vanille

Etwa 1020 Joule/245 Kalorien (mit 1 Teel. Honig, Milch und 10 g Walnüssen)
Zubereitungszeit: 10 Minuten
Quellzeit: etwa 12 Stunden (über Nacht)

Das Getreide mittelfein schroten und, mit Wasser bedeckt, zugedeckt an einem kühlen Platz (nicht über +5°) oder im Kühlschrank über Nacht quellen lassen. • Am anderen Tag den Honig über den Schrot geben, die Milch oder Sahne leicht erwärmen und darübergießen. Den Apfel waschen, vom Kernhaus befreien und in das Müsli reiben oder in kleine Würfel schneiden und

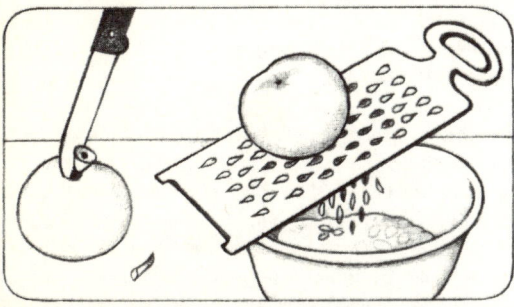

Für das Reiben von rohem Obst oder Gemüse empfiehlt sich eine Rohkostreibe aus rostfreiem Edelstahl, für größere Mengen die Küchenmaschine.

darüberstreuen. Oder die Beeren zufügen. Die Banane schälen, in Scheiben schneiden und mit den Nüssen nach Geschmack zufügen. • Alles mischen. Mit Zitronensaft abschmecken.

◁ Gefüllte Hörnchen, die man nach dieser Methode sehr rasch herstellen kann. Rezept Seite 89. Zum Bild auf Seite 71: Ein knuspriges Müsli, wie Kinder es lieben, als Vorrat immer bereit. Rezept unten.

Knuspermüsli

Bild Seite 71

Kinder mögen Knuspriges. Ein Blick in die Lebensmittelregale mit Frühstücksgerichten bestätigt das. Preiswerter, gesünder und auch knusprig machen Sie es so:

Zutaten für etwa 10 Portionen:
200 g grobe (kernige) Haferflocken ·
50 g Weizenkeime · 50 g Sonnenblumenkerne ·
50 g Kokosflocken · 50 g Haselnüsse ·
50 g abgezogene Mandeln · je 2 Messerspitzen Zimtpulver und gemahlene Vanille · 3 Eßl. Öl ·
3 Eßl. Honig · 100 g Rosinen · 50 g Korinthen

Pro Portion etwa 1280 Joule/305 Kalorien
Zubereitungszeit: 20 Minuten

Die Haferflocken mit den Weizenkeimen, den Sonnenblumenkernen und den Kokosflocken mischen. Die Nüsse und die Mandeln grobreiben. Mit dem Zimt und der Vanille unter die Flocken rühren. • In einer großen, schweren Pfanne das Öl und den Honig erhitzen und kochen, bis es »sprudelt« (etwa 2 Minuten). Die Flockenmischung in die Pfanne schütten und sofort umrühren. Alles bei mittlerer Hitze unter öfterem Umrühren 5 Minuten rösten. • Die Rosinen und Korinthen waschen, abtropfen lassen und in die Pfanne schütten. Noch 5 Minuten bei kleiner Hitze unter häufigem Umrühren mitrösten. • Die Müslimischung abkühlen lassen, in ein gut schließendes Gefäß füllen und kühl stellen. So hält sie sich etwa 1 Woche frisch. • Zum Verzehr frisches Obst je nach Saison, kleingeschnitten, und Milch oder Sahne zufügen.

Frühstück und Pausebrot

Keimsprossenmüsli

Viele Kinder lehnen frisch gekeimte Weizenkörner ab. Da sie aber sehr gesund sind, sollten Sie es mit dem folgenden Rezept versuchen.

Zutaten für 1 Portion:
1 Eßl. keimfähiger Weizen (Sprießkornweizen) ·
1 Eßl. Sonnenblumenkerne · ½ Apfel ·
1 Eßl. Rosinen · 1 Eßl. Kokosflocken ·
½ Tasse Milch · 1 Teel. Honig

Etwa 1170 Joule/280 Kalorien
Vorbereitungszeit: etwa 48 Stunden
(für das Keimen)
Zubereitungszeit: 5 Minuten

Die Weizenkörner und die Sonnenblumenkerne in einem Schälchen (aus Porzellan, Steingut oder Glas), mit Wasser bedeckt, 3–4 Stunden stehenlassen. • Das Wasser abgießen und die Körner alle 5–6 Stunden einmal mit frischem Wasser bedecken und gleich wieder abgießen, so daß die Körner stets feucht bleiben. Eventuell auch ab und zu mit den Fingern durchmischen, damit sich die Feuchtigkeit überall verteilt. • Sobald kleine Keime an den Körnern zu sehen sind, können sie verwendet werden (das dauert an einem warmen Platz 1–2 Tage). Die Keime sollten niemals länger als etwa ½ cm sein, sonst schmecken sie nicht mehr. • Den Apfel vierteln, vom Kernhaus befreien, kleinschneiden und auf die Keime geben. Die Rosinen, die Kokosflokken, die Milch und den Honig ebenfalls zufügen und alles mischen.

Hirsebrei »Schlaraffenland«

Um ins Schlaraffenland zu kommen, muß man sich durch einen Berg von süßem Hirsebrei essen – so heißt es im Märchen. Für den Weg dorthin wird die folgende Portion vielleicht nicht ausreichen, aber nach einem solch feinen Frühstück machen Kindergarten oder Schule auf jeden Fall mehr Spaß.

100 g Hirse · 50 g ungeschwefelte, saure Dörraprikosen · ⅜ l Wasser · 50 g abgezogene Mandeln · 2 Messerspitzen gemahlene Vanille · ⅛ l Milch · etwa 2 Eßl. Ahornsirup oder Honig · 100 g Sahne

Pro Portion etwa 1480 Joule/350 Kalorien
Quellzeit: etwa 12 Stunden (über Nacht) und
15 Minuten
Vorbereitungszeit: 20 Minuten
Garzeit: 15 Minuten

Am Abend zuvor die Hirse mit ⅛ l Wasser in einen kleinen Topf füllen und zugedeckt über Nacht an einem kühlen Platz quellen lassen. Die Aprikosen waschen und in einem anderen Gefäß mit ¼ l Wasser quellen lassen. • Am anderen Morgen das Einweichwasser der Aprikosen zur Hirse gießen. Die Aprikosen feinschneiden und zufügen. Die Mandeln grobreiben und mit der Vanille ebenfalls zur Hirse geben. Alles zusammen 15 Minuten bei kleiner Hitze zugedeckt kochen lassen. • Die Milch dazugießen und umrühren. Die Herdplatte ausschalten. Den Hirsebrei in etwa 15 Minuten zugedeckt ausquellen lassen. • Mit Ahornsirup oder Honig nach Geschmack süßen. Die Sahne steif schlagen und unter den Hirsebrei ziehen. Sofort servieren, damit der Brei schön locker bleibt.

Tip: Im Sommer schmecken auch frische Erdbeeren oder Himbeeren dazu.

Nougatcreme

Das ist die Naturkost-Variante der von allen Kindern heißgeliebten Nougat-Brotaufstriche. Allerdings ist auch die folgende Nougatcreme sehr kalorienreich.

100 g Haselnüsse · 3 gestrichene Teel. Kakao ·
1 gestrichener Teel. Karob · ½ Teel. Zimtpulver ·
3 Messerspitzen gemahlene Vanille ·
200 g Honig · 150 g Margarine (Reformqualität) ·
50 g sehr feine Haferflocken (Instant- oder
Schmelzflocken) · 1 gestrichener Eßl. Voll-
sojamehl · 1 Ei

Pro 100 g etwa 2175 Joule/520 Kalorien
Zubereitungszeit: 20 Minuten

Die Nüsse in einer trockenen, schweren Eisen- oder Edelstahlpfanne unter öfterem Wenden bei mittlerer Hitze rösten, bis die braunen Schalen zu platzen beginnen (das dauert etwa 5 Minuten). Die Nüsse etwas abkühlen lassen. • Die braunen Schalen zwischen den Handflächen abreiben. Die Nüsse sehr fein zerkleinern (entweder in einem elektrischen Zerkleinerer oder im Mixer oder mit der Mandelmühle reiben, anschließend noch in einem Mörser oder in der Pfanne mit einem Kartoffelstampfer zerdrücken). • Den Kakao, das Karobpulver, den Zimt und die Vanille unter die zerkleinerten Nüsse mischen. Die Mischung in die Pfanne geben und mit dem Honig verrühren. Die Margarine zufügen und schmelzen lassen. Die Pfanne vom Herd nehmen. Die Zutaten in der Pfanne mischen. • Die Haferflocken mit dem Sojamehl verrühren, in die Pfanne schütten und alles gründlich verarbeiten. Während des Erkaltens öfter umrühren. • Sobald die Masse nur noch lauwarm ist, das Ei zufügen und wiederum gründlich unter die Nougatcreme mischen, bis eine gleichmäßige, cremige Masse entstanden ist. Die Nougatcreme in

einem Schraubglas im Kühlschrank aufbewahren. Die Creme hält sich dort mindestens 8 Tage frisch.

Paßt gut zu: hellen Vollkornbroten, Vollkorntoast, Zwieback und Einback oder als Tortenfüllung oder zum Zusammensetzen von Plätzchen.

Tip: Mit einem elektrischen Zerkleinerer können Sie die noch warmen Nüsse so fein zerkleinern, daß sie eine pastenartige Konsistenz bekommen, wenn Sie die gemahlenen Nüsse vom Rand des Behälters immer wieder nach innen schieben. In diesem Fall können Sie auf weiteres Zerkleinern (zum Beispiel mit dem Mörser) natürlich verzichten.

Rosinella

Dieser Brotaufstrich ist die richtige Grundlage für gute Leistungen in der Schule: leicht verdauliches Eiweiß (aus Quark), Phosphor und Eisen (aus Rosinen und Nüssen).

100 g Rosinen · 250 g Schichtkäse (10% Fett)
oder 350 g Sahnequark (20 oder 40% Fett) ·
50 g Erdnußmus (Reformqualtiät) ·
3 Eßl. heißes Wasser · 100 g Sahne oder
0,1 l Milch (bei Verwendung von Quark
weglassen)

Insgesamt etwa 4630 Joule/1100 Kalorien
Zubereitungszeit: 10–15 Minuten
Zeit zum Durchziehen: mindestens 1 Stunde

Die Rosinen gründlich waschen und auf einem Sieb abtropfen lassen, dann in einem elektrischen Zerkleinerer oder mit einem Wiegemesser sehr fein hacken. (Sie können auch alle Zutaten in den Mixer füllen und cremig mixen.) Den

Schichtkäse durch ein Sieb streichen. Das Erdnußmus mit dem heißen Wasser cremig rühren. •
Die zerkleinerten Rosinen, den Schichtkäse und
die Sahne oder Milch (oder den Sahnequark) zur
Erdnußcreme geben und alles mischen. Den
Brotaufstrich mindestens 1 Stunde durchziehen
lassen. • Rosinella hält sich im Kühlschrank, gut
zugedeckt, mindestens 5 Tage frisch.

Paßt gut zu: hellen Vollkornbroten oder -bröt-
chen, Zwieback, Einback oder Vollkorntoast.

Schnelle Bananenmarmelade

Diese zuckerfreie Marmelade (auch der Honig-
gehalt ist relativ niedrig) ist im Nu zubereitet. Sie
hält sich im Kühlschrank etwa 1 Woche.

*500 g Bananen (etwa 3 Stück, mit Schale
gewogen) · ⅛ l Wasser · 100 g Honig ·
2 Messerspitzen Zimtpulver ·
Saft von 1 Zitrone · 2 Meßlöffel Biobin*

Insgesamt etwa 3290 Joule/785 Kalorien
Zubereitungszeit: 15 Minuten

Die Bananen schälen und in Stücke brechen. Die
Bananenstücke zusammen mit allen übrigen Zutaten in den Mixer füllen und in 30–60 Sekunden
feinmixen. • Die Masse in einen weiten Topf gießen und unter ständigem Rühren einmal aufkochen. Den Topf vom Herd nehmen und noch so
lange weiterrühren, bis die Masse nicht mehr
brodelt. • Die Marmelade in Schraubgläser füllen, abkühlen lassen und im Kühlschrank aufbewahren.

Tip: Sollte kein Mixer zur Verfügung stehen, können Sie die Bananen auch mit der Gabel zerdrücken. Dann etwas weniger Wasser nehmen.

Eierkäse

Dies ist eine Spezialität aus dem Westerwald.
Man bekommt dort Eierkäseformen (ähnlich den
Gugelhupfformen) aus Steingut oder Porzellan
mit Löchern. Das Originalrezept wird mit der
doppelten Milchmenge zubereitet und, nachdem
die Masse gestockt ist, in die Eierkäseform um-

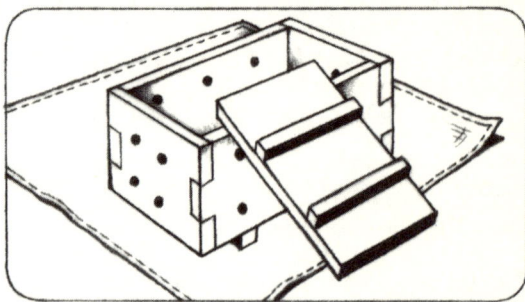

Den Tofu-Preßkasten mit Baumwollsack gibt es als Set
im Reformhaus oder Naturkostladen. Er läßt sich auch
für die Zubereitung von Eierkäse verwenden.

gefüllt, wo die überschüssige Flüssigkeit ablaufen kann. Da es die Formen aber nicht überall
gibt, hier ein abgewandeltes Rezept. Wenn Sie
den Eierkäse »original« und damit auch lockerer
haben möchten, nehmen Sie die doppelte Milchmenge und lassen die Masse nach dem Stocken
in einem Sieb, das mit einem grobgewebten
Tuch ausgelegt wurde, abtropfen. Sie können
auch ein Tofuset (einen Holzkasten mit Löchern,
siehe Zeichnung) verwenden.

*6 Eier · ¼ l Milch · ½–1 Teel. Meersalz ·
1 Messerspitze geriebene Muskatnuß
Für die Form: etwas Butter und Vollkornbrösel
(Graham-Paniermehl)*

Insgesamt etwa 2350 Joule/560 Kalorien
Vorbereitungszeit: 10 Minuten
Garzeit: 30 Minuten

Die Eier mit der Milch, dem Salz und dem Muskat gut mit dem Schneebesen verquirlen. • Einen Wasserbadeinsatz oder einen kleinen Topf ausfetten, mit Bröseln ausstreuen und in einen passenden, mit Wasser gefüllten Topf setzen. Die Eimasse einfüllen, zugedeckt in etwa 30 Minuten im kochenden Wasserbad stocken (fest werden) lassen. Mit einem Hölzchen prüfen, ob auch in der Mitte nichts mehr flüssig ist. • Im Kühlschrank aufbewahrt (am einfachsten gleich in dem Gefäß, in dem er gegart wurde), hält der Eierkäse sich 3–4 Tage frisch.

Paßt gut zu: Vollkornbrot.

Varianten: Interessanter und abwechslungsreicher wird der Eierkäse, wenn Sie zusätzlich ½ Teelöffel Delikata oder edelsüßes Paprikapulver und/oder 1 Eßlöffel feingeschnittenen Schnittlauch oder 1 Teelöffel feingehacktes Basilikum unter die rohe Eimasse quirlen.

Tip: Wenn man Eimassen im Wasserbad gart, ist es immer etwas schwierig, den Wasserbadeinsatz wieder zu reinigen. Leichter geht das, wenn die Eimasse erst eingefüllt wird, sobald das Wasser beinahe kocht, der Einsatz also heiß ist.

Kräuter-Käse-Creme

Wie es sich für Käse gehört, sollte man auch diese Käsecreme mindestens 30 Minuten vor dem Essen aus dem Kühlschrank nehmen. Sie schmeckt als Brotaufstrich zu allen Vollkorn-Hausbrot-Varianten (Rezepte Seite 82–84), mit dem 6-Korn-Brot harmoniert sie besonders gut.

2 Schalotten, ersatzweise kleine Zwiebeln ·
250 g Schichtkäse (10% Fett), ersatzweise
trockener Magerquark (siehe Seite 100) ·
200 g Crème fraîche (24–28% Fett) ·
½ Teel. Kräutersalz · je 1 Teel. feingehackte
Petersilie und Dill, ersatzweise getrocknete
Petersilie und getrocknete Dillspitzen

Insgesamt etwa 3205 Joule/765 Kalorien
Zubereitungszeit: 10 Minuten
Zeit zum Durchziehen: mindestens 30 Minuten

Die Schalotten schälen und feinschneiden. Den Schichtkäse durch ein Sieb streichen (bei Quark nicht nötig) und mit den feingeschnittenen Schalotten und allen übrigen Zutaten gründlich verrühren. • Die Käsecreme mindestens 30 Minuten durchziehen lassen.

Variante: 1–2 Teelöffel feingeriebenen frischen Meerrettich unter die fertige Creme mischen. Das schmeckt größeren Kindern und Erwachsenen und ist zur Steigerung der Abwehrkräfte besonders zu empfehlen.

Süße Überraschungs-brötchen 🥖

Ihre Kinder brauchen nicht neidisch zu werden, wenn Schulkameraden Mohrenkopfbrötchen (im Schwäbischen heißen sie »Datschwecken«) essen. Geben Sie ihnen auch ein tolles Schulbrötchen mit (in dem alles drinsteckt, was man zum Lernen und zum Toben braucht).

Für die Brötchen:
500 g Weizen · 50 g Vollsojamehl ·
2 Messerspitzen gemahlene Vanille ·
50 g Butter · 1 Würfel Hefe (42 g) · 2 Eßl. Honig ·
gut ¼ l lauwarme Milch
Für die Füllung: 1 Tafel honiggesüßte
Schokolade (Reformhaus) · 100 g Honig ·

Frühstück und Pausebrot

100 g Butter · je 2 Eßl. Rosinen und Korinthen ·
4 gehäufte Eßl. Weizenkeime · 4 Eßl. feine
Haferflocken · 4 Eßl. grob zerkleinerte Erdnüsse
(frisch geschält und ungesalzen), Walnüsse oder
Haselnüsse

Pro Stück etwa 1290 Joule/305 Kalorien
Vorbereitungszeit für die Brötchen: 30 Minuten
Ruhezeit: 60 Minuten
Backzeit: etwa 20 Minuten
Zubereitungszeit für die Füllung: 10 Minuten

16 Brötchen nach dem Zwieback-Rezept auf
Seite 86 als »Einback« backen und abkühlen lassen. • Für die Füllung die Schokolade in Stücke
brechen und mit dem Honig sowie der Butter in
einem kleinen Topf bei kleiner Hitze unter häufigem Umrühren schmelzen lassen. Den Topf vom
Herd nehmen. Die Rosinen und Korinthen waschen, abtropfen lassen und mit den Weizenkeimen, den Haferflocken und den Nüssen gründlich unter die geschmolzenen Zutaten mischen.
Die Füllung etwas abkühlen lassen. • Die Brötchen durchschneiden. Je 1 Eßlöffel Füllung auf je
1 untere Brötchenhälfte verstreichen, je 1 obere Brötchenhälfte daraufdrücken. Die Brötchen
ganz auskühlen lassen. • Die Überraschungs-
brötchen einzeln oder zu je 2 Stück (nach Appetit) in Frühstücksbeutel packen und im Kühlschrank aufbewahren. Für 3–4 Tage können sie dort
als »Fertigfrühstück« aufbewahrt werden (morgens in die Schultasche gepackt, sind sie bis zur
großen Pause wieder auf Zimmertemperatur).
Müssen die gefüllten Brötchen länger aufbewahrt werden, dann bitte einfrieren und am
Abend zuvor herausnehmen.

Tip: Wenn besonders viel Energie gebraucht
wird oder wenn Sie (zum Beispiel zum Kinderfest) die Überraschung vergrößern wollen, sollten Sie die Brötchen ruhig mal »dicker« füllen.

Brötchenfrösche

Bild Umschlag-Vorderseite

Zutaten für 6 »Frösche«:
6 Schrotbrötchen (vom Vollkornbäcker oder
nach dem Rezept auf Seite 86 als »Einback«
oder Hefebrötchen, Rezept auf Seite 48) ·
1 Dose vegetarische Paprika-Pastete
(Tartex, 125 g) · 200 g saure Sahne (10% Fett) ·
1 Schalotte oder kleine Zwiebel ·
2 gestrichene Eßl. sehr feine Haferflocken
(Instant- oder Schmelzflocken) ·
1 gestrichener Eßl. Vollsojamehl ·
1 Eßl. feingehackte Petersilie · 1 Salatgurke

Pro Stück etwa 815 Joule/195 Kalorien
Zubereitungszeit: 20 Minuten

Die Brötchen quer halbieren. Die Paprikapastete
mit 150 g saure Sahne verrühren. Die Schalotte
oder Zwiebel schälen, feinschneiden und zusammen mit den Schmelzflocken, dem Sojamehl und
der Petersilie (eine kleine Portion beiseite legen)
gründlich unter die Paprikamasse mischen. • Die
unteren Brötchenhälften dick mit der Paprika-
creme bestreichen, dabei die Creme an einer
Seite etwas über den Brötchenrand und an dieser Stelle schön glatt streichen, so daß es wie ei-

So werden die Brötchenfrösche angerichtet. Sie sind
ein lustiger Blickfang, zum Beispiel fürs Kinderfest,
und schmecken frisch und würzig.

ne große Zunge aussieht. • Die Gurke waschen und in knapp ½ cm dicke Scheiben schneiden. Die bestrichenen Brötchenhälften auf einen Teller oder eine Platte legen, dabei vorne (Zungenseite) 1–2 Gurkenscheiben unterlegen (als Vorderfüße). Die oberen Brötchenhälften so auflegen, daß die »Zunge« etwas herausguckt. • Für die Augen mit einem Teelöffelstiel kleine Kugeln aus steifer saurer Sahne auf den oberen Brötchenhälften anordnen, als »Pupillen« jeweils in die Mitte ein winziges Stückchen Petersilie stecken. Aus den restlichen Gurkenscheiben (eventuell halbiert) »Hinterbeine« anlegen.

»Pizza«-Brote

In Italien sind diese Brote als »kleine Pizza« bei den Kindern sehr beliebt. Die Zutaten sehen im sonnigen Süden etwas anders aus. Auf hiesige Verhältnisse abgewandelt schmeckt dieser schnelle Imbiß unseren Kindern genauso gut.

6 Scheiben Weizenschrotbrot oder Vollkorntoastbrot · 50 g Tomatenmark (etwa 2 Eßl.) · 2 gestrichene Eßl. Vollsojamehl · 1 Eßl. Wasser · 1 Teel. getrockneter, gerebelter Oregano · 1 Teel. feingehacktes oder ½ Teel. getrocknetes, gerebeltes Basilikum · 2 Eßl. Olivenöl · 250 g Emmentaler Käse

Pro Stück etwa 1345 Joule/320 Kalorien
Zubereitungszeit: 15 Minuten
Backzeit: etwa 5 Minuten bei 150°, mittlere Schiene

Die Brotscheiben toasten. Das Tomatenmark mit dem Sojamehl, dem Wasser und den Kräutern verrühren, das Öl gründlich daruntermischen. • Je 1 Teelöffel Tomatenmasse auf die Brotscheiben streichen, den Käse in der Größe der Brote in Scheiben schneiden. Die Tomatenbrote mit den Käsescheiben dick belegen. Die restliche Tomatenmarkcreme gleichmäßig verteilt auf die Käsescheiben streichen. • Die Pizzabrote im vorgeheizten Backofen auf der Mittelschiene etwa 5 Minuten bei 150° überbacken, bis der Käse zerlaufen ist.

Tip: Statt den Backofen vorzuheizen, die Brote in den kalten Ofen schieben. Den Ofen 5 Minuten auf höchste Stufe schalten, dann ausschalten und die Brote noch 5 Minuten im Ofen lassen. Das spart Energie.

Kühle und heiße Getränke

Kinder haben immer Durst. Und was viele Erwachsenen nicht wissen, je jünger ein Kind ist, um so mehr Flüssigkeit braucht sein Körper. Säuglinge nehmen am Tag ⅕ ihres Gewichts in flüssiger Form zu sich, Erwachsene nur noch ¹⁄₂₀. Es ist deshalb falsch, dem Kind immer zu sagen: »Trink nicht soviel!« Allerdings sollten Sie Ihr Kind nicht wahllos irgendetwas trinken lassen, denn die meisten Getränke wie Limonaden, Fruchtnektare oder Cola-Getränke enthalten zuviel Zucker. In 1 Liter süßer Limonade können bis zu 100 g Zucker enthalten sein! Als Durststiller eignen sich kohlensäurearme Mineralwässer und schwach mit Honig gesüßte Früchte- und Kräutertees besonders gut. Milch und Milchgetränke wie Kefir oder Buttermilch versorgen Ihr Kind mit wichtigen Inhaltstoffen wie Eiweiß und Kalzium.

Hier finden Sie einige Anregungen wie Sie Ihren Kindern etwas Gesundes zum Trinken hinstellen können; die kalorienreicheren Vorschläge können auch zuweilen eine kleine Zwischenmahlzeit sein.

Durstlöscher

In »durstigen« Zeiten sollte davon immer ein Tonkrug voll in der Küche stehen (zugedeckt, damit sich keine Wespen darin verirren, die lebensgefährliche Stiche in den Hals verursachen können). So hat das erfrischende Getränk die richtige Temperatur. Direkt aus dem Kühlschrank sollten Kinder nie etwas trinken. Gehen Sie ihnen in dieser Hinsicht mit gutem Beispiel voran und tun Sie es auch nicht.

Zutaten für etwa 10 Gläser (je 0,2 l):
2 l Wasser · 1 Handvoll Lindenblüten (Apotheke oder Kräuterladen) · etwa 2 Eßl. Honig ·
Saft von 2–3 Zitronen oder Orangen

Pro Glas (0,2 l) etwa 90 Joule/20 Kalorien
Zubereitungszeit: etwa 20 Minuten

In einem großen Topf das Wasser mit den Lindenblüten zum Kochen bringen und einmal aufkochen lassen. Den Topf vom Herd nehmen und den Tee zugedeckt 5 Minuten ziehen lassen. • Den Lindenblütentee durch ein Sieb gießen und abkühlen lassen. Nach Geschmack mit Honig süßen und mit dem Saft mischen. In einem Tongefäß bleibt das Getränk schön kühl.

Variante: Statt des Zitronen- oder Orangensaftes eignen sich als Beigabe auch etwa 200 g im Mixer feinpürierte Früchte, zum Beispiel entsteinte Sauerkirschen, Johannisbeeren oder Brombeeren. In diesem Fall den Honig und das Fruchtpüree dem Tee zufügen, wenn er etwas abgekühlt, aber noch warm ist, 1 Stunde durchziehen lassen, gut umrühren und nochmals abseihen.

Fruchtmilch

Zutaten für 3 Gläser (je 0,2 l):
½ l Milch · 1 Eßl. Honig · 100 g frische Früchte, zum Beispiel Erdbeeren, Himbeeren, Banane, entsteinte Süßkirschen oder gewürfelte Ananas

Pro Glas (0,2 l) etwa 640 Joule/150 Kalorien
Zubereitungszeit: 5 Minuten

Alle Zutaten in den Mixer füllen (die Banane geschält und zerkleinert) und feinmixen. Sofort servieren. • Für 1 Kind die halbe Menge mixen.

Malzmilch

Kakaogetränke sind nicht die einzige Möglichkeit, Kindern Milch schmackhaft zu machen. Malzmilch schmeckt auch vorzüglich. Malz hat nicht die Nachteile von Kakao (stopfend), sondern ist als ein gutes Aufbaumittel bekannt.

Zutaten für 1 Portion (1 Tasse):
1 Teel. Malzextrakt ·
1 Tasse heiße Milch

Etwa 460 Joule/110 Kalorien
Zubereitungszeit: 1 Minute

Das Malz in eine Tasse geben. ¼ der Milch dazugießen und gut umrühren. Mit der restlichen Milch aufgießen.

Soja-Karob

Wenn Sie für Ihr Kind ein milchfreies und dennoch nahrhaftes Aufbaugetränk suchen, hier ist es:

Zutaten für 1 Portion (1 Tasse):
1 gestrichener Teel. Karob · 1 gestrichener Teel.
Vollsojamehl · 1 Teel. Honig · je 1 Prise Zimt und
gemahlene Vanille · heißes Wasser

Etwa 235 Joule/55 Kalorien
Zubereitungszeit: 1–2 Minuten

Alle Zutaten bis auf das Wasser in einer Tasse mischen. Zunächst mit etwa 2 Teelöffeln heißem Wasser verrühren, dann mit heißem Wasser aufgießen. Während des Trinkens hin und wieder umrühren (weil sich das Pulver etwas absetzt). • Soja-Karob ist ein ideales Getränk zum Frühstück für Schulkinder.

Fruchtbowle

Bei einem fröhlichen Anlaß mit Kindern hebt diese alkoholfreie »Bowle« mit ihrer roten Farbe und dem prickelnden Fruchtgeschmack genauso die gute Laune wie bei Erwachsenen eine alkoholische.

Zutaten für etwa 10 Gläser (je 0,2 l):
150 g Himbeeren · 150 g flüssiger Honig ·
abgeriebene Schale von 1 Orange (Schale
unbehandelt) · ¾ l Sauerkirsch-Muttersaft
(Eden) · ¾ l Mineralwasser

Pro Glas (0,2 l) etwa 355 Joule/85 Kalorien
Zubereitungszeit: 10 Minuten
Zeit zum Durchziehen: etwa 2 Stunden

Die Himbeeren verlesen und die Stiele abzupfen; nur, wenn sie schmutzig sind, vorsichtig waschen. Die Beeren in ein Bowlengefäß oder eine große Glaskanne füllen. Den Honig und die Orangenschale darübergeben und alles vorsichtig miteinander verrühren. Mindestens 1 Stunde zugedeckt durchziehen lassen. • Den Sauerkirschsaft darübergießen, vorsichtig umrühren und nochmals etwa 1 Stunde zugedeckt durchziehen lassen. Kurz vor dem Servieren mit dem Mineralwasser aufgießen (langsam gießen, damit es nicht überschäumt).

Tip: Falls Sie im Sommer keine unbehandelte Orange bekommen und auch im Winter oder Frühjahr nicht vorgesorgt haben (siehe Seite 101), dann finden Sie in manchen Gewürzregalen der Lebensmittelgeschäfte getrocknete Orangenschalen in kleinen Tüten.

Brot und Gebäck

Wir möchten unsere Familie vollwertig ernähren, trotzdem soll unseren Kindern nichts von dem entgehen, was Kinderherzen – etwa beim Vorbeigehen am Bäckerladen – höher schlagen läßt. Vieles, was dort nur aus Weißmehl und Zucker zu haben ist, können Sie mit vollwertigen Zutaten selbst backen. Wenn Sie Ihre Familie öfter mit frischem Butterkuchen, mit Schnecken, Amerikanern, Waffeln und so weiter überraschen, wird es bestimmt nicht zu jenem Heißhunger kommen, den man bei Kindern beobachten kann, deren Eltern sehr strenge Ernährungsgrundsätze haben: Die nächste Konditorei wird gestürmt und man vertilgt so viel auf einmal, daß einem übel davon wird.

An Vollkornbackwaren kann man sich nicht so leicht überessen (Kinder bringen zwar alles fertig, aber sie dürfen schon mal mehr essen als unbedingt nötig). Vollkorngebäck sättigt angenehm, schnell und nachhaltig (eine automatische Mengenkontrolle). Sie finden in diesem Kapitel sehr variable Rezepte, so daß Sie eine reiche Auswahl haben.

Zum Thema Backen noch einige Vorbemerkungen:

● Sojamehl ist in der Backstube ein ideales »Heinzelmännchen«. Brot und Gebäck werden saftiger, haltbarer, krümeln nicht mehr. Die Verwertbarkeit des Getreideproteins im Körper wird durch Sojazusatz um etwa 30% erhöht. Es eignet sich nur goldgelbes, puderfeines Sojamehl (siehe Seite 100).

● Merken Sie sich, welche Konsistenz Ihr Teig hatte, wenn das fertige Gebäck am besten gelungen war. Getreide hat je nach Anbaugebiet und Anbaujahr einen unterschiedlichen Wassergehalt. Eventuell müssen Sie deshalb die Flüssigkeitsmengen etwas erhöhen oder verringern.

● Vorheizen des Backofens kann bei Gebäck mit Backpulver entfallen. Bei Kleingebäck mit kurzer Backzeit müssen Sie allerdings eine Vorheizzeit von etwa 10 Minuten zur angegebenen

Backzeit dazurechnen, denn der eigentliche Backvorgang beginnt erst, wenn der Ofen heiß ist. Einige Minuten teure Energie sparen Sie so aber auf jeden Fall.

● Auch ohne Heißluftherd können Sie beim Brotbacken auf zwei Etagen backen: über dem Vollkorn-Hausbrot können Sie nach den ersten 30 Minuten Knäckebrot, Kuchen oder Kekse backen. Über Hefebrot oder -gebäck können Sie einen Auflauf oder Backkartoffeln garen.

● Zum Schluß ein Spartip in Sachen Muskelkraft. Kinder fordern uns schon so viel Energie ab, daß nur ganz Robuste noch genug Kraft haben, alles in Handarbeit herzustellen. Elektrische Handrührgeräte und Küchenmaschinen helfen da sehr. Für das Backergebnis ist es im Großen und Ganzen gleichgültig, welche Methode Sie anwenden. Rührteige gelingen in der Regel besser, wenn die Maschine rührt, Hefeteige unter Umständen durch warme, knetende Hände. In meinen Rezepten habe ich beides beschrieben.

Vollkorn-Hausbrot 🥖

Dies ist mein bestes Brotrezept, das sich in 15jähriger »Eigenbrötelei« herauskristallisiert hat. Dieses Brot bleibt lange haltbar, der Salzgehalt ist niedriger als beim gekauften Brot. Es ist problemlos und ohne großen Zeitaufwand leicht selbst herzustellen. Ich mache mir das wöchentliche Brotbacken sehr einfach, die Küchenmaschine rührt und knetet alles, und ich fasse den Teig gar nicht an. Backfermentbrote wie dieses werden nämlich schöner, wenn der Teig so feucht bleibt, daß man ihn nicht mit der Hand kneten kann.

Wenn Sie trotzdem »handarbeiten« möchten, fügen Sie beim Teigzubereiten 200 g Mehl hinzu. Die Zeit zum Gehenlassen des ungebackenen Brotes muß dann allerdings wesentlich erhöht

Brot und Gebäck

werden, und das fertig gebackene Brot wird ziemlich trocken.

Bei meinem Rezept handelt es sich um eine Kombination von Backferment- und Honig-Salz-Brot. Es verbindet die Vorteile von beiden und vermeidet die Nachteile. Der Teig wird in 2 Stufen gesäuert, das heißt er muß mindestens 38 Stunden vor dem Backen angesetzt werden. Die Zeiten zum Gehenlassen können auch überschritten werden, ohne daß die Qualität des Brotes leidet; es wird dann höchstens etwas sauer. Oberhalb der Mindestzeiten sind Sie also nicht gebunden.

Der Geschmack beziehungsweise die Konsistenz des Brotes läßt sich variieren, wenn Sie das Getreide einmal gröber, ein andermal feiner mahlen. Für grobgemahlenes Korn weniger Flüssigkeit, für feingemahlenes mehr nehmen. Wenn Kleinkinder mitessen, sollte es feingemahlen werden. Weitere Varianten dieses Grundrezeptes finden Sie auf der folgenden Seite.

Für den Vorteig, 1. Stufe:
350 g Roggen · 2 gestrichene Teel. Backferment · ½ l lauwarmes Wasser · 2 Eßl. Honig

Vor dem Kauf einer Getreidemühle sollten Sie sich auf jeden Fall im Fachhandel oder im »Handbuch« (siehe Seite 101) informieren, denn das Angebot ist groß.

Den Roggen mittelfein mahlen und mit dem Backferment mischen. Das Wasser und den Honig darunterrühren. Dazu am besten eine Schüssel (zum Beispiel Edelstahl, der Wärme gut aufnimmt) benutzen, die mit einem Topfdeckel zugedeckt werden kann. Den Vorteig zugedeckt für 24 Stunden an einen warmen Platz stellen (24–28°), zum Beispiel auf die Heizung. Nach dieser Zeit sollte der Teig deutlich sichtbar gegoren sein, das heißt viele Bläschen aufweisen.

Für den Vorteig, 2. Stufe:
350 g Roggen · ¼ l lauwarmes Wasser

Den Roggen mittelfein mahlen und zusammen mit dem Wasser unter den Vorteig rühren. Die Schüssel wieder zudecken und für mindestens 12 Stunden an einen warmen Platz stellen. Die Gärung sollte dann noch deutlicher zu sehen sein (zwischen Vorteig und Deckel muß genug Platz vorhanden sein).

Für den Brotteig (Grundrezept):
700 g Weizen oder 600 g Weizen und 50 g Vollsojamehl · nach Geschmack 1–2 Eßl. Kümmel · je 1 Eßl. Koriander und Fenchelsamen · 3 gestrichene Teel. Meersalz · etwa ⅛ l Wasser

Pro Scheibe (50 g) etwa 540 Joule/130 Kalorien
Vorbereitungszeit: 20 Minuten
Ruhezeit: etwa 2 Stunden
Backzeit: 30 Minuten auf höchster Stufe, 1½–2 Stunden bei 170°, 15 Minuten im ausgeschalteten Ofen, untere Schiene

Den Weizen mittelfein mahlen, die Gewürze (nach Geschmack) mitmahlen oder ungemahlen verwenden. Das Mehl, eventuell das Sojamehl, das Salz und das Wasser zu dem Vorteig geben und alles gründlich mit den Knethaken der Küchenmaschine (oder des elektrischen Handrührgerätes) durcharbeiten. Zwei Kastenformen oder 1 große Bratenform oder Brotbackform ausfetten. Den Teig hineinfüllen und mit einem Teigschaber glattstreichen. Mit einem Küchentuch zudecken und an einem warmen Platz etwa 2 Stunden gehen lassen, bis sich der Teig um das 1½fache vergrößert hat. Das Brot auf die untere Schiene in den kalten Backofen schieben. 30 Minuten auf höchster Schaltstufe, dann 90 Minuten bis 2 Stunden bei etwa 170° backen lassen. (Die Backzeit kann um etwa 30 Minuten verkürzt werden, wenn Sie weniger Kruste und weniger durchgebackenes Brot wünschen.) Das Brot 15 Minuten im ausgeschalteten Backofen stehenlassen. Aus der Form stürzen, von allen Seiten mit kaltem Wasser bepinseln oder besprühen und auf einem Kuchengitter auskühlen lassen.

Variante: Sechs-Korn-Brot
Statt 700 g Weizen 200 g Weizen, 50 g Sojamehl, je 100 g Nackthafer, Nacktgerste, Hirse und Buchweizen nehmen. Das Getreide bis auf den Buchweizen mehlfein mahlen, den Buchweizen als ganze Körner oder »Grütze« (geschrotet) dazugeben.

Variante: Leinsamenbrot
100 g ganze Leinsamen mit ¼ Liter kochendem Wasser übergießen, 1 Stunde quellen lassen, zum Grundteig geben. ⅛ l Wasser vom Grundrezept weglassen.

Variante: Sonnenblumenbrot
200 g Sonnenblumenkerne leicht rösten, unter den Grundteig oder den Teig für das Sechs-Korn-Brot mischen. Oder das Brot ganz aus Weizen zubereiten, also auch den Vorteig nur aus Weizen herstellen.

Variante: Kleiebrot
2 Tassen Kleie von Anfang an zum Vorteig geben, ¼ l Wasser zusätzlich.

Variante: Schwarzes Kuchenbrot
100 g ganze Haselnüsse, je 200 g fein geschnittene, vorgequollene Feigen und Dörrpflaumen und je 50 g fein geschnittenes Orangeat und Zitronat, je 100 g Rosinen und Korinthen mit 4 Eßlöffeln Sirup unter das Grundrezept mischen.

Toastbrot 🍞

Zutaten für 1 Kastenform von 30 cm Länge:
650 g Weizen · 50 g Vollsojamehl · 4 gehäufte
Eßl. Weizenkeime · 2 gestrichene Teel.
Meersalz · 50 g Butter · 1 Würfel Hefe (42 g) ·
2 Eßl. Honig · ½ l Buttermilch

Pro Scheibe (50 g) etwa 650 Joule/155 Kalorien
Vorbereitungszeit einschließlich Ruhezeit:
1 Stunde und 30 Minuten
Backzeit: etwa 15 Minuten bei 220° und 15 Minuten bei 180°, untere Schiene

Den Weizen staub- oder mehlfein mahlen und in einer Schüssel mit dem Sojamehl, den Weizenkeimen, dem Salz und der Butter in Flöckchen mischen. In die Mitte eine Vertiefung drücken. Die Hefe hineinbröckeln und den Honig auf die Hefe geben. 1–2 Minuten warten, bis sich die Hefe aufgelöst hat. Die Buttermilch etwas anwärmen und in die Milde gießen, mit der Hefe und etwas Mehl vom Muldenrand verrühren. Mit einem Tuch bedeckt etwa 15 Minuten an einem warmen Platz gehen lassen. • Dann alles zusammen zu einem festen, geschmeidigen Hefeteig verarbeiten, zuerst rühren, dann mit der Hand oder den Knethaken des elektrischen Handrührgerätes oder der Küchenmaschine gründlich durcharbeiten. Den Teig zugedeckt nochmals 15–20 Minuten gehen lassen. • Erneut gründlich kneten. Die Kastenform ausfetten. Den Teig zu einer 30 cm langen Rolle formen, in die Form legen und flach-drücken. Nochmals zugedeckt mindestens 15 Minuten gehen lassen, bis der Teig etwa das 1½fache Volumen hat. • Den Backofen vorheizen und das Brot auf der unteren Schiene wie ange-geben backen, bis es goldbraun ist und sich vom Rand der Form 2–3 mm gelöst hat. • Das Brot aus dem Ofen und der Form nehmen und von al-len Seiten mit kaltem Wasser bepinseln oder be-sprühen. Auf einem Kuchengitter auskühlen las-sen.

Tip: Beim zweiten Kneten sollte ein fester, aber noch geschmeidiger Teig entstehen, eventuell noch wenig Flüssigkeit zufügen. Weizenhefeteig muß gründlich geknetet werden, damit er schön locker wird. Beim zweiten Kneten mit einer gro-ßen Küchenmaschine knapp 5 Minuten bei nied-riger Geschwindigkeit, mit einem elektrischen Handrührgerät etwa 3 Minuten bei hoher Ge-schwindigkeit (niedrige Geschwindigkeit würde den Motor zu sehr beanspruchen), von Hand mindestens 10 Minuten kneten.

Knäckebrot 🍞

Zutaten für 2 Backbleche (etwa 40 Stück):
200 g Weizen · 200 g Roggen · 200 g Buch-weizen · 1 Teel. Kümmel · 2 gestrichene Teel. Weinstein-Backpulver · 1 gestrichener Teel. Meersalz · 100 g Margarine · ¼ l Milch

Pro Stück etwa 300 Joule/70 Kalorien
Vorbereitungszeit einschließlich Ruhezeit:
35 Minuten
Backzeit: 30 Minuten bei 200°

Den Weizen, den Roggen und den Buchweizen zusammen mit dem Kümmel mehlfein mahlen (oder gemahlenen Kümmel verwenden). Das Mehl mit dem Backpulver und dem Salz mischen und auf ein Backbrett schütten. In die Mitte eine Vertiefung drücken, die Margarine in Flöckchen hineingeben und die Milch vorsichtig hineingie-ßen. Mit einer Gabel die Milch mit etwas Mehl aus der Mitte »verrühren«. Alle Zutaten schnell von außen nach innen zu einem geschmeidigen, festen Knetteig verarbeiten. • Oder alle Zutaten in eine Rührschüssel füllen (die Margarine muß in diesem Fall weich sein) und mit dem Knetha-ken eines elektrischen Handrührgerätes oder dem Teigrührer einer Küchenmaschine zu Knet-teig verarbeiten. Den Teig 15 Minuten ruhen las-sen. • Dann den Teig partieweise 2–3 mm dick ausrollen. Aus der Platte etwa 10 × 5 cm große Scheiben ausrädeln oder -schneiden. Zwei Ble-che einfetten und mit den Teigstücken belegen. Das Knäckebrot im vorgeheizten Backofen auf der unteren Schiene bei 200° 30 Minuten gold-braun backen. • Auf einem Kuchengitter aus-kühlen lassen und in einer Blechdose aufbewah-ren; so bleibt das Brot etwa 14 Tage frisch.

Variante: Knabberstangen
Die Teigscheiben vor dem Backen der Länge nach in etwa 1 cm breite Streifen schneiden oder rädeln, nach Wunsch mit Milch bestreichen und mit Salz, Kümmel oder ähnlichem bestreuen und wie oben backen.

Pitta – Brot aus der Pfanne 🍞

Ein Backspaß für Jung und Alt: Teller zum Auf-essen.

Zutaten für 8 Stück:
350 g Weizen · 50 g Vollsojamehl · ½ Würfel Hefe (20 g) · 1 Teel. Honig · ¼ l lauwarme Milch · 2 Eßl. Öl · 1 gestrichener Teel. Meersalz
Zum Backen: 1–2 Eßl. Öl

Brot und Gebäck

Pro Stück etwa 940 Joule/225 Kalorien
Vorbereitungszeit: 15 Minuten
Ruhezeit: 15 Minuten
Backzeit für jeweils 2–3 Stück: etwa 10 Minuten

Den Weizen mehl- oder staubfein mahlen. Etwa ¾ des Mehles in eine Schüssel schütten und mit dem Sojamehl mischen. Die Hefe hineinbröckeln, den Honig und die Milch zufügen und alles gründlich verrühren. Die Schüssel mit einem Tuch zudecken und 15 Minuten an einen warmen Platz stellen. • Vom restlichen Mehl etwa 2 Eßlöffel voll beiseitestellen. Das übrige Mehl, das Öl und das Salz zum Vorteig geben und alles zusammen zu einem festen, geschmeidigen Hefeteig kneten. Den Teig in 8 gleichgroße Stücke teilen und jedes zu einer Kugel formen. Die Teigkugeln in dem restlichen Mehl wenden. • In einer großen, schweren Eisen- oder Edelstahlpfanne 1 Eßlöffel Öl zerlaufen lassen. Die Teigkugeln zwischen beiden Handflächen »flachklatschen« (das haben Sie bestimmt schon mal in einem Film gesehen, in dem Tortillabacken gezeigt wurde), bis sie etwa 2 mm dünn sind und die Größe der Handfläche haben. • Sobald die Pfanne richtig heiß ist, auf kleine Hitze zurückschalten und je nach Größe der Pfanne 2–3 Pittas hineinlegen. Die Brote bei mittlerer Hitze etwa 5 Minuten backken, bis sie auf der gebackenen Seite dunkelgoldbraune Flecken haben. Wenden und die andere Seite ebenso backen. • Die Brote schmekken warm oder kalt, frisch oder am nächsten Tag, am lustigsten als Teller zum Aufessen für raffiniertes oder gelbes Ragout (Rezept Seite 46) oder für Zigeunerspieße (Rezept Seite 47) mit »Ketchup«-Sauce (Rezept Seite 62) oder für Blattspinat (Rezept Seite 30).

Vollkornzwieback 🍞

Diese Zwiebäcke knabbern meine inzwischen schon »großen« Kinder immer noch mit Vorliebe zum Tee. Übrigens schmecken sie ganz frisch und gerade abgekühlt am besten. Haltbar und wohlschmeckend sind sie jedoch fast unbegrenzt. Gesund, einfach und schmackhaft ist folgender Belag: dick Schichtkäse daraufstreichen und einen besonderen Honig darüberträufeln (zum Beispiel Klee- oder Orangenblütenhonig). Die für die Teigruhe angegebenen Zeiten bei Hefeteig sind Mindestzeiten. Wenn nicht genügend Wärme vorhanden ist, müssen sie verlängert werden. Der Teig muß immer vor dem nächsten Arbeitsgang deutlich sichtbar aufgegangen sein, siehe auch den Tip beim Toastbrot (Seite 84).

Zutaten für 1 Backblech (16 Brötchen =
32 Zwiebäcke):
500 g Weizen · 50 g Vollsojamehl ·
2 Messerspitzen gemahlene Vanille ·
50 g Butter · 1 Würfel Hefe (42 g) ·
2 Eßl. Honig · 0,3 l lauwarme Milch

Pro Zwieback etwa 340 Joule/80 Kalorien
Vorbereitungszeit einschließlich Ruhezeit: etwa 1 Stunde und 30 Minuten
Backzeit: etwa 20 Minuten bei 220°, mittlere Schiene
Trockenzeit: 1–2 Tage
Zweite Backzeit: 30–60 Minuten bei 100°

Den Weizen staub- oder mehlfein mahlen und sofort mit dem Sojamehl, der Vanille und der Butter in Flöckchen mischen. In die Mitte eine Vertiefung drücken. Die Hefe hineinbröckeln und den Honig auf die Hefe geben. 1–2 Minuten warten, bis sich die Hefe aufgelöst hat. Die Milch dazugießen und mit der Hefe und etwas Mehl vom Muldenrand zu einem dünnen Brei verrühren. Den Vorteig, mit einem Tuch bedeckt, etwa

Brot und Gebäck

15 Minuten an einem warmen Platz gehen lassen. • Dann alles zusammen zu einem festen Hefeteig verarbeiten; zuerst rühren, dann mit der Hand oder den Knethaken des elektrischen Handrührgerätes oder der Küchenmaschine gründlich durcharbeiten. Den Teig zugedeckt nochmals 15–20 Minuten gehen lassen. • Wieder gründlich kneten. Den Hefeteig in 4 gleichgroße Stücke teilen, die Teigstücke nochmals in je 4 gleichgroße Stücke teilen. Die Teigstücke zu Kugeln formen, zwischen beiden Handflächen plattdrücken (etwa 1 cm dick) und auf ein gefettetes Backblech setzen. Den Backofen vorheizen. Die Brötchen mit einem Tuch zugedeckt nochmals 15–20 Minuten gehen lassen. • Die aufgegangenen Brötchen im vorgeheizten Backofen auf der Mittelschiene bei 220° in etwa 20 Minuten goldbraun backen. Auf einem Kuchengitter auskühlen lassen und 1 oder 2 Tage stehenlassen. • Dann die Brötchen aufschneiden. Die Brötchenhälften mit der Schnittfläche nach unten auf 2 Backroste verteilen, in den Backofen schieben (mittlere Schiene) und bei etwa 100° trocknen lassen (das dauert je nach dem noch vorhandenen Feuchtigkeitsgrad 30–60 Minuten). In die Backofentür oben ein Metallspießchen oder einen Löffelstiel klemmen, so daß die Tür einige Millimeter offensteht und die Feuchtigkeit entweichen kann. Die Zwiebäcke sind fertig, wenn sie beginnen, sich goldbraun zu färben. • Im geöffneten Backofen auskühlen lassen und in einer Blechdose verschlossen aufbewahren.

Variante: Aniszwieback
Mit dem Weizen 1 Teelöffel Anissamen mitmahlen und außerdem 1 Teelöffel Anissamen ungemahlen unter den Teig kneten.

Variante: Kokoszwieback
Vollkornzwiebäcke wie oben beschrieben herstellen. Als Belag 100 g Kokosflocken mit 2 Eßlöffeln Honig und 3 Eiweißen gründlich verrühren und je etwa 1 gehäuften Teelöffel von dieser Paste fest auf die gerade fertig gewordenen Zwiebäcke streichen (auf die Schnittfläche); die Zwiebäcke müssen schon ganz trocken, dürfen aber noch hell sein. Die Zwiebäcke mit der bestrichenen Seite nach oben wieder auf die Backroste legen und weitere 15–20 Minuten bei 100° und spaltbreit geöffneter Backofentür trocknen lassen. Sie sind fertig, sobald sich der Rand der Kokosmasse hellbraun zu färben beginnt. Vorsicht: bei zu starker Hitze kann die Kokosmasse schnell verbrennen.

Tip: Frisch als »Einback« schmecken die Brötchen auch sehr gut, zum Beispiel mit Butter und Honig oder Marmelade.

Butterkuchen 🥄

Der Zwiebackteig eignet sich sehr gut für allerlei Gebäck, das bei Kindern beliebt ist. Solchem »Kuchen« aus leichtem Hefeteig mit Belag oder Füllungen aus gesunden Zutaten sollte man stets den Vorzug geben, denn sie sind viel besser verdaulich als Kuchen aus Rühr- und Knetteigen. Handelt es sich doch vom rein sachlichen Standpunkt aus eigentlich um »verbessertes Brot«.

Zutaten für 1 Backblech (etwa 16 Stücke):
Für den Teig: 500 g Weizen · 50 g Vollsojamehl ·
2 Messerspitzen gemahlene Vanille ·
50 g Butter · 1 Würfel Hefe (42 g) · 2 Eßl. Honig ·
0,3 l lauwarme Milch
Für den Belag: 75 g abgezogene, blättrig geschnittene Mandeln · 200 g Honig ·
100 g Butter · je 2 Messerspitzen Zimtpulver und gemahlene Vanille
Für das Backblech: Butter oder Margarine

Pro Stück etwa 1150 Joule/275 Kalorien
Vorbereitungszeit einschließlich Ruhezeit: etwa
1 Stunde und 30 Minuten
Backzeit: 20–25 Minuten

Den Hefeteig nach dem Rezept auf Seite 86 zubereiten und gehen lassen. • Für den Belag die
Mandeln (wenn Sie sie selbst blättrig schneiden
wollen, geht das am schnellsten mit der
Schneidtrommel des Reibe-Mouli), den Honig,
die Butter, den Zimt und die Vanille in einem kleinen Topf langsam erhitzen, bis alles geschmolzen ist. Die Masse wieder abkühlen lassen. •
Den Teig in der Größe des Backblechs gleichmäßig dick ausrollen. Das gefettete Backblech damit belegen. Mit einem Küchentuch zudecken
und 15 Minuten an einem warmen Platz gehen
lassen. • Mit der Fingerspitze in den Teig tiefe,
kleine Mulden im Abstand von 3–4 cm eindrük-
ken. Den Butter-Honig-Belag mit einem Eßlöffel
gleichmäßig auf dem Teig verteilen und verstreichen. • Den Kuchen im vorgeheizten Backofen
auf der Mittelschiene 20–25 Minuten bei 200°
backen, bis die Oberfläche goldbraun und
knusprig ist. Auf einem Kuchengitter abkühlen
lassen und in Stücke schneiden.

Schnecken 🝰

Zutaten für 2 Backbleche (30 Stück):
Für den Teig: 500 g Weizen · 50 g Vollsojamehl ·
2 Messerspitzen gemahlene Vanille ·
50 g Butter · 1 Würfel Hefe (42 g) · 2 Eßl. Honig ·
0,3 l lauwarme Milch
Für die Füllung: 150 g Margarine · 150 g Honig ·
150 g feine Haferflocken · 100 g Mandeln ·
150 g Rosinen · 1 gestrichener Teel. Zimtpulver ·
5 Messerspitzen gemahlene Vanille · ⅜ l Milch
Für die Backbleche: Butter oder Margarine
Zum Bestreichen: flüssiger Honig nach Belieben

Pro Schnecke etwa 830 Joule/200 Kalorien
Vorbereitungszeit einschließlich Ruhezeit:
1 Stunde und 30 Minuten
Backzeit: 15–20 Minuten bei 200°, mittlere
Schiene

Den Hefeteig nach dem Rezept auf Seite 86 zubereiten und gehen lassen. • Inzwischen die
Margarine und den Honig in einer großen Pfanne
schmelzen lassen. Die Haferflocken dazuschüt-
ten und alles unter häufigem Wenden erhitzen. •
Die Mandeln (nicht abziehen) grobreiben und
zusammen mit den Rosinen, dem Zimtpulver
und der Vanille zu den Haferflocken geben. Alles
noch etwa 5 Minuten unter öfterem Wenden rösten. Die Milch dazugießen und so lange unter
Rühren kochen lassen, bis eine glatte Masse
entstanden ist. Die Füllung abkühlen lassen. •
Den Hefeteig zu einer Platte von etwa 40 × 60 cm
ausrollen, mit der abgekühlten oder noch lau-
warmen Füllung gleichmäßig bestreichen. Den
Teig von der schmalen Seite her aufrollen, mit einem Brotmesser in etwa 1 cm dicke Scheiben
schneiden. Die Schnecken mit etwas Abstand
auf zwei gefettete Backbleche legen, mit einem
Küchentuch zudecken und etwa 15 Minuten an
einem warmen Platz gehen lassen. • In den vorgeheizten Backofen auf die Mittelschiene schieben. 15–20 Minuten bei 200° backen lassen. •
Eventuell die Schnecken sofort nach dem Bak-
ken mit flüssigem Honig bepinseln.

Süße Briefe 🝰

Zutaten für 2 Backbleche (etwa 16 Stück):
Für den Teig: 500 g Weizen · 50 g Vollsojamehl ·
2 Messerspitzen gemahlene Vanille ·
50 g Butter · 1 Würfel Hefe (42 g) · 2 Eßl. Honig ·
0,3 l lauwarme Milch
Für die Mohnfüllung: 150 g Mohn · ¼ l Milch ·

Brot und Gebäck

100 g Rosinen · 1 gestrichener Teel.
Zimtpulver · 2 Messerspitzen gemahlene
Vanille · 50 g Butter · 100 g Honig ·
25 g Vollsojamehl · 25 Vollkornbrösel
(Graham-Paniermehl)
Für die Quarkfüllung: 500 g Schichtkäse oder
trockener Magerquark (siehe Seite 100) ·
2 Eier · 150 g Honig · 3 Messerspitzen
gemahlene Vanille
Zum Bestreichen: 1 Ei
Für die Backbleche: Butter oder Margarine

Pro Brief mit Mohnfüllung etwa 1225 Joule/
290 Kalorien, mit Quarkfüllung etwa 965 Joule/
230 Kalorien
Vorbereitungszeit einschließlich Ruhezeit:
etwa 2 Stunden
Backzeit: 20–25 Minuten bei 200°, mittlere
Schiene

Den Hefeteig nach dem Rezept auf Seite 86 zubereiten und gehen lassen. • Für die erste Füllung den Mohn mahlen. Die Milch aufkochen und
den gemahlenen Mohn hineinschütten, die Rosinen, den Zimt und die Vanille zufügen und alles
zusammen unter gelegentlichem Umrühren
knapp 5 Minuten bei kleiner Hitze kochen lassen.
Den Topf vom Herd nehmen. Die Butter in Flöckchen und den Honig unter die Mohnmasse rühren, bis die Butter geschmolzen ist. Das Sojamehl und die Brösel zum Schluß unter die Mohnmasse rühren. • Für die zweite Füllung den
Schichtkäse durch ein Sieb streichen (bei Quark
nicht nötig). Die Eier, den Honig und die Vanille
gründlich unter den Quark rühren. • Den Hefeteig in 2 gleichgroße Stücke teilen und jedes
messerrückendick ausrollen. Mit einem Teigrädchen Vierecke von 10–12 cm Seitenlänge
ausrädeln. Aus den Teigresten mit einem Plätzchenausstecher oder einem kleinen Glas Kreise
von etwa 4 cm ∅ ausstechen. • Die Hälfte der
Teigvierecke mit der Mohnmasse bestreichen

Die süßen Briefe, auch einfach als Teigtaschen bekannt, lassen sich ganz leicht füllen. Ein rundes Teigstück in der Mitte hält die Ecken besser zusammen.

(etwa 2 Eßlöffel pro Viereck), die andere Hälfte
mit der Quarkmasse. Das Ei verquirlen. Die
Teigecken wie einen Briefumschlag zusammen-
legen. Die Teigoberfläche mit verquirltem Ei bestreichen, je 1 rundes Teigstück in die Mitte legen und ebenfalls mit Ei bestreichen. • Die süßen Briefe auf zwei gefettete Backbleche legen
und noch etwa 15 Minuten gehen lassen. • Das
Gebäck auf die mittlere Schiene in den Ofen
schieben und etwa 20–25 Minuten bei 200° bak-
ken. • Auf einem Gitter abkühlen lassen.

Gefüllte Hörnchen

Bild Seite 72

Zutaten für 2 Backbleche (24 Stück):
Für den Teig: 500 g Weizen · 50 g Vollsojamehl ·
2 Messerspitzen gemahlene Vanille ·
50 g Butter · 1 Würfel Hefe (42 g) · 2 Eßl. Honig ·
gut ¼ l lauwarme Milch
Für die Füllung: je 100 g Haselnüsse und
Mandeln · 200 g Honig · 100 g Vollkornbrösel
(Graham-Paniermehl) · 4 gehäufte Eßl.
Weizenkeime · 2 gestrichene Teel. Zimtpulver ·

4 Messerspitzen gemahlene Vanille ·
200 g flüssige Butter · 4 Eier
Für die Backbleche: Butter oder Margarine
Zum Bestreichen: 1 Ei

Pro Hörnchen etwa 1105 Joule/265 Kalorien
Vorbereitungszeit einschließlich Ruhezeit: etwa
1 Stunde und 45 Minuten
Backzeit: 20–25 Minuten bei 180°, mittlere
Schiene

Den Hefeteig nach dem Rezept auf Seite 86 zubereiten und gehen lassen. • Für die Füllung die
Nüsse und die Mandeln nacheinander in einer
trockenen, schweren Pfanne bei mittlerer Hitze
rösten, bis sie angenehm duften (etwa 5 Minuten). Abkühlen lassen und getrennt feinreiben
oder im Elektrogerät fein zerkleinern. • Die Nüsse in eine und die Mandeln in eine zweite Schüssel geben. Zu den Nüssen beziehungsweise den
Mandeln jeweils 100 g Honig, 50 g Brösel, 2 Eßlöffel Weizenkeime, 1 Teelöffel Zimtpulver, 2 Messerspitzen Vanille, 100 g flüssige Butter und
2 Eier geben und jeweils daraus eine glatte Masse rühren. • 1 Ei mit der Gabel verquirlen. Den
Teig in 2 gleichgroße Teile teilen. Jedes zu einem
Kreis von etwa 40 cm Ø ausrollen. In der Mitte
jeweils einen Kreis von etwa 10 cm Ø mit verquirltem Ei bestreichen. • Die beiden Teigplatten
gleichmäßig mit je einer Füllung bestreichen. Mit
einem Messer oder Teigrädchen die Teigkreise
wie eine Torte in 12 gleichgroße Stücke teilen.
Die »Tortenstücke« vom äußeren Rand her nach
innen zusammenrollen und zu Hörnchen biegen.
Auf zwei gefettete Bleche legen, mit einem Küchentuch zudecken und noch 15 Minuten an
einem warmen Platz gehen lassen. • Die Hörnchen mit verquirltem Ei bestreichen und im vorgeheizten Backofen bei 180° auf der mittleren
Schiene goldbraun backen. • Die heißen Hörnchen sofort mit kaltem Wasser bestreichen oder
besprühen. Auf einem Gitter auskühlen lassen.

Rosinenknusperchen

Eine gesunde, knusprige Leckerei, die sich ein
paar Tage frisch hält. Die Knusperchen sind ein
unübliches Gebäck: ein Mittelding zwischen
Plätzchen und Fladenbrot. Wenn Sie Lust am Experimentieren haben, können Sie verschiedene
Getreidearten ähnlich wie im untenstehenden
Rezept feinschroten, salzen oder süßen, würzen, mit Flüssigkeit zu weichem Brei anrühren,
quellen lassen und im Backofen mehr trocknen
als backen. Das ergibt leckere und gesunde »Urbrote«, die frisch am besten schmecken.

Zutaten für 1 Backblech:
250 g Weizen · 75 g Nacktgerste · 75 g Hirse ·
1 Messerspitze Meersalz · abgeriebene Schale
von ½ Zitrone (Schale unbehandelt) ·
250 g Rosinen · 200 g Sahne ·
¼ l kohlensäurereiches Mineralwasser · 1 Eßl.
Malzextrakt oder Honig
Für das Backblech: etwas Butter oder Margarine

Insgesamt 11 335 Joule/2700 Kalorien
Vorbereitungszeit: 10 Minuten
Quellzeit: 1 Stunde
Backzeit: etwa 60 Minuten bei 175°, mittlere
Schiene

Den Weizen, die Gerste und die Hirse mittelfein
schroten und mit dem Salz und der Zitronenschale mischen. Die Rosinen waschen und abtropfen lassen. Die Mehlmischung mit der Sahne, dem Mineralwasser und dem Honig oder
Malz zu einem weichen Brei verrühren. Die abgetropften Rosinen daruntermischen. Den Teig
1 Stunde zugedeckt quellen lassen. • Ein Backblech einfetten. Den Teig mit einem Teigschaber
gleichmäßig auf das Blech streichen und im vorgeheizten Backofen auf der Mittelschiene
45–50 Minuten bei 175° backen, bis sich der Fladen vom Blech löst. Das Gebäck in große Stücke

brechen, umdrehen und in 10–15 Minuten fertig-backen, bis die Stücke trocken, brüchig und hellgoldbraun sind. • Das fertige Gebäck noch in kleinere, mundgerechte Stücke brechen.

Vollkorn-»Amerikaner« 🖍

Zutaten für 1 Backblech (16 Stück):
200 g feines oder ausgesiebtes
Weizenvollkornmehl · 200 g gelbes Maismehl ·
1 Prise Salz · 2 gestrichene Teel. Weinstein-
Backpulver · 3 Messerspitzen gemahlene
Vanille · 150 g Honig · 2 Eier ·
200 g Sahne · 50 g Butter oder Margarine
Zum Bestreichen: eventuell heller, cremiger
Honig und Kakao

Pro Stück etwa 780 Joule/185 Kalorien
Vorbereitungszeit: 10 Minuten
Backzeit: 30 Minuten bei 200°

Das Weizen- und das Maismehl mit dem Salz, dem Backpulver und der Vanille mischen. Den Honig, die Eier, die Sahne und das Fett zufügen und alles zu einem weichen Rührteig verarbei-ten. • Auf ein gefettetes Blech jeweils 1 gehäuf-ten Eßlöffel von dem Teig in genügendem Ab-stand setzen und im vorgeheizten Backofen auf der Mittelschiene 30 Minuten bei 200° backen. • Nach Wunsch kann die glatte Seite der Amerika-ner einen Guß bekommen: Vor dem Servieren mit hellem, cremigem Honig oder mit Kakao ver-mischtem Honig bestreichen.

Schokotaler 🖍

Diese Schokotaler können gelegentlich einem »akuten Schokoladenhunger« vorbeugen oder ihn sogar heilen.

Zutaten für 1 Backblech (etwa 40 Stück):
150 g Haselnüsse · 200 g Weizen ·
50 g Kartoffelstärke · 2 gestrichene Eßl. Kakao
oder Karob · 1 gestrichener Teel. Weinstein-
Backpulver · ½ gestrichener Teel. Zimtpulver ·
2 Messerspitzen gemahlene Vanille ·
150 g Margarine · 150 g Honig
Für die Zahlen: 2 Kartoffeln · 50 g Haselnüsse ·
1 gestrichener Eßl. Kartoffelstärke ·
1 Messerspitze gemahlene Vanille ·
25 g Butter · 1 Eßl. Honig · 1 Ei oder etwas
flüssiger Honig
Für das Backblech: etwas Butter oder Margarine

Pro Stück etwa 430 Joule/100 Kalorien
Vorbereitungszeit: 30 Minuten
Ruhezeit: etwa 1 Stunde
Backzeit: 15 Minuten bei 180°, mittlere Schiene

Die Nüsse in einer trockenen, schweren Eisen- oder Edelstahlpfanne bei mittlerer Hitze unter gelegentlichem Wenden rösten, bis sie ange-nehm duften und die Schalen zu platzen begin-nen (das dauert etwa 5 Minuten). • Den Weizen mehlfein mahlen und mit der Kartoffelstärke, dem Kakao oder Karob, dem Backpulver, dem Zimt und der Vanille mischen. Die gerösteten Nüsse feinreiben (oder im Elektrogerät fein zer-kleinern) und zufügen. Die Mehlmischung auf ein Backbrett schütten, in die Mitte eine Vertiefung drücken. Die Margarine in Flöckchen und den Honig hineingeben. Alle Zutaten schnell von au-ßen nach innen zu einem geschmeidigen Knet-teig verarbeiten (oder alle Zutaten zusammen in eine Rührschüssel füllen und mit den Schneebe-sen des elektrischen Handrührgerätes oder dem

Teigrührer der Küchenmaschine zu einem relativ weichen Knetteig verarbeiten). • Aus dem Teig 2 Rollen von 4–5 cm Ø formen, auf ein Brettchen legen und für etwa 1 Stunde ins Tiefkühlfach stellen. • Inzwischen die Kartoffeln halbieren und die Schnittfläche so ausschneiden, daß erhabene Zahlen stehenbleiben, zum Beispiel 1, 2 und 5 (Kartoffelstempel herzustellen lernen die Kinder im Kindergarten oder in der Schule). • Die Teigrollen aus dem Gefriergerät nehmen, in knapp ½ cm dicke Scheiben schneiden und auf ein gefettetes Backblech legen. Die Taler mit den Zahlen stempeln. Die Vertiefungen entweder mit wenig flüssigem Honig ausgießen (dann glänzen sie nach dem Backen) oder mit »weißem Teig« ausspritzen. Hierfür die Nüsse, wie oben beschrieben, rösten und die braunen Schalen zwischen beiden Handflächen abreiben. Die Nüsse feinmahlen und mit der Kartoffelstärke, der Vanille, der Butter in Flöckchen, dem Honig und dem Ei gründlich verrühren. Den Teig in einen Spritzbeutel oder eine Tortenspritze mit glatter Tülle füllen und die Zahlen mit dem weißen Teig ausspritzen (am besten eignen sich die Einmal-Papierbeutel, von denen man eine Spitze abschneidet). Das Blech auf die Mittelschiene in den vorgeheizten Backofen schieben und die Schokotaler bei 180° 15 Minuten backen lassen. Auf einem Gitter auskühlen lassen.

Haferwaffeln 🥄

Zutaten für 50 Waffelherzen:
200 g feine Haferflocken · 150 g Honig ·
100 g Butter · je 3 Messerspitzen gemahlene
Vanille und Zimtpulver · ½ l Milch ·
100 g Weizen · je 3 gestrichene Eßl. Weizenkeime und Vollsojamehl · 1 gestrichener Teel.
Weinstein-Backpulver · 3 Eier
Für das Waffeleisen: etwas Öl

Pro Stück etwa 260 Joule/60 Kalorien
Zubereitungszeit einschließlich Ruhezeit:
25 Minuten
Backzeit pro Waffel: 2–3 Minuten

Die Haferflocken, den Honig, die Butter in Flöckchen, die Vanille und den Zimt in eine Rührschüssel füllen. Die Milch erhitzen, bis sie dampft (etwa 70°) und über die Zutaten in der Schüssel gießen. Alles umrühren, bis die Butter geschmolzen ist, und den Teig mindestens 15 Minuten abkühlen lassen. • Inzwischen den Weizen mehl- oder staubfein mahlen, dann mit den Weizenkeimen, dem Sojamehl und dem Backpulver mischen. Die Mehlmischung und die Eier gründlich unter die abgekühlte Haferflockenmasse rühren. • Das Waffeleisen anheizen und beide Flächen dünn mit Öl bestreichen. Pro Füllung etwa 3 Eßlöffel Teig hineingeben, die beiden Hälften des Waffeleisens so lange zusammendrücken, bis Widerstand fühlbar wird. Die Waffeln in 2–3 Minuten knusprig goldbraun backen. Bis zum Servieren auf ein Kuchengitter legen. • Möglichst noch warm nach Belieben mit Honig, Ahornsirup oder honiggesüßter Schlagsahne und frischen Früchten (zum Beispiel Beeren) servieren.

Variante: Salzige Waffeln
Wenn überraschend kleine oder große Gäste kommen, und es ist nicht mehr genug Brot im Haus, helfen sie schnell aus der Verlegenheit. Man kann sie genauso wie Brot mit Butter, Käse, vegetarischem Aufschnitt und anderem belegen. Statt des Honigs und der Gewürze 1 Teelöffel Meersalz, ½ Teelöffel Delikata und 2 Messerspitzen geriebene Muskatnuß zu den Haferflocken geben. Sonst wie oben. 2 Becher Joghurt (Biogurt, zusammen 300 g) unter den fertigen Teig rühren. Backen wie oben. • Oder unter diesen salzigen Teig noch 150 g grob geriebenen Goudakäse und 2 Teelöffel Kümmel rühren.

Gutes für kranke Kinder

Für kranke Kinder macht man gern etwas Gutes, damit sie Appetit bekommen. In Zweifelsfällen und bei schweren Krankheiten sollten Sie allerdings immer den Kinderarzt zu Rate ziehen. Bei Fieber ist die Appetitlosigkeit ein sinnvolles Signal des Körpers, das besagt, daß er jetzt mit der Infektabwehr beschäftigt ist und nicht zusätzlich mit Verdauungsarbeit belastet werden möchte. Dieses Signal sollten Sie nicht überhören. Der Flüssigkeitsbedarf ist allerdings größer als sonst, Getränke sind daher gefragt. Aus dem Getränke-Kapitel (Seite 80) sind der Durstlöscher, auch heiß oder warm, und die Fruchtbowle als Fiebergetränke gut geeignet. Um notwendige Mineralstoffe, die bei Fieber durchs Schwitzen verlorengehen, zu ersetzen, ist auch eine leicht gesalzene Gemüsebrühe zu empfehlen. Bei sinkendem Fieber können Sie Fruchtmilch geben oder aus diesem Kapitel die Apfel-Reis-Suppe als Getränk oder den Hafer-Bananen-Trunk, mit denen auch Nährstoffe in leicht verdaulicher Form zugeführt werden.
Wenn schon wieder gegessen werden darf, sind ganz leichte Speisen wie Grießbrei, Zucchini-Reis und Blumenkohlpüree gerade das Richtige. Und zum Wiederaufbau der Kräfte eignen sich die Hirseblumensuppe und das Quarkmüsli.

Apfel-Reis-Suppe

Zutaten für 1 Portion:
1 säuerlicher Apfel · ¼ l Wasser · 1 gestrichener Eßl. Naturreis · 1 Teel. Honig · 1 Messerspitze Zimtpulver

Etwa 575 Joule/135 Kalorien
Zubereitungszeit: 10 Minuten

Den Apfel waschen, vierteln, vom Kernhaus befreien und kleinschneiden. Die Apfelstücke mit dem Wasser 5 Minuten kochen lassen. • Inzwischen den Reis mehlfein mahlen. Das Reismehl langsam unter Rühren mit dem Schneebesen in die Apfelsuppe einstreuen. Die Suppe noch 2–3 Minuten kochen lassen, dann durch ein Sieb streichen. Mit dem Honig und dem Zimt abschmecken.

Variante: Mit der doppelten Wassermenge zubereitet, ergibt das Rezept ein Getränk, das bei Appetitlosigkeit Nährstoffe in leicht verdaulicher Form zuführt.

Tip: Wenn Sie keine Getreidemühle haben, können Sie statt des Reismehls 5 gehäufte Eßlöffel Reisflocken (Granovita) für die Apfel-Reis-Suppe verwenden.

Hafer-Bananen-Trunk

Zutaten für 1 großes Glas:
1 gehäufter Eßl. Nackthafer · ¼ l Wasser · 1 reife Banane · 1 Teel. Mandelmus ·
1 Teel. Zitronensaft · eventuell 1 Messerspitze Zimtpulver · eventuell 1 Teel. Honig

Etwa 995 Joule/235 Kalorien
Zubereitungszeit: 10 Minuten

Den Hafer mittelgrob mahlen. Das Hafermehl in das Wasser rühren und unter öfterem Umrühren 5 Minuten kochen (Vorsicht, kocht leicht über). • Die Banane schälen, in Stücke brechen. Mit dem Mandelmus, dem Zitronensaft und dem Haferwasser in den Mixer füllen und feinmixen. Mit Zimt und Honig nach Wunsch abschmecken.

Tip: Falls Sie keine Getreidemühle haben oder Ihre Mühle den Hafer nicht mahlen kann, verwenden Sie 2 Eßlöffel feine Haferflocken.

Varianten: Sie können den Trunk auch mit anderen Getreidearten zubereiten; besonders Gerste enthält für Kranke wertvolle Nährstoffe. Statt mit Honig können Sie auch mit Fruchtsaft oder Malzextrakt süßen.

Blumenkohlpüree

Das ist ein feines Gemüse für kranke Kinder, Kleinkinder – und für »Gemüsemuffel«. Blumenkohl aus biologischem Anbau schmeckt am besten. Allerdings haften auch mehr kleine Fliegen und eventuell Kohlwürmer an ihm. Daher bitte unbedingt vor dem Kochen sorgfältig in Salzwasser reinigen. Da das alles ein bißchen Arbeit macht, ist das Rezept für 4 Personen berechnet, denn auch den Erwachsenen schmeckt so etwas Zartes wie dieses Püree zur Abwechslung mal ganz gut.

300 g Blumenkohlröschen · 1 Eßl. Kochsalz ·
¼ l Wasser · ½ Teel. Meersalz · ¼ l Milch ·
2 gestrichene Eßl. Arrowroot oder Wildpfeilwurzelmehl, ersatzweise Maisstärkepuder ·
1 gestrichener Teel. Kräutersalz ·
1 Messerspitze gemahlene Muskatblüte
(Macis) · 1 Eßl. Butter ·
1 Eßl. feingehackte Petersilie

Pro Portion etwa 485 Joule/115 Kalorien
Vorbereitungszeit: 1 Stunde und 20 Minuten
Garzeit: etwa 30 Minuten

Die Blumenkohlröschen in eine Schüssel geben, das Salz darüberstreuen und das Ganze, mit Wasser bedeckt, 1 Stunde stehenlassen. • Danach die Röschen sorgfältig waschen und von anhaftendem Schmutz und Insekten befreien. Die Blumenkohlröschen mit ¼ l Wasser und dem Meersalz in 30 Minuten zugedeckt bei kleiner Hitze ganz weich kochen. • Die gegarten Blumenkohlröschen durch ein Sieb streichen oder mit dem Passierstab des elektrischen Handrührgerätes oder dem Passiergerät der Küchenmaschine passieren. • Die Milch und das Arrowroot in einem Topf mit dem Schneebesen verquirlen, dann zusammen unter Rühren ein paar Mal aufkochen. Den Topf vom Herd nehmen und den passierten Blumenkohl unter den Milchbrei rühren. Mit dem Kräutersalz und dem Macis abschmecken. Die Butter und die Petersilie daruntermischen.

Paßt gut zu: Hirsegrütze (Rezept Seite 34) oder Kartoffelpüree (Rezept Seite 49).

Zucchinireis 🍴

Zucchini sind ein Gemüse, das von jedem jederzeit problemlos vertragen wird, sogar von Babys ab dem 6. Lebensmonat und von alten Menschen. Zucchini enthalten hauptsächlich Wasser, aber auch besonders viele Mineralstoffe.

Zutaten für 1 Portion:
200 g Zucchini · ¼ l Wasser · 50 g Naturreis ·
etwa 1 Teel. Streuwürze (Cenofix) ·
1 Eßl. feingehackte Kräuter, zum Beispiel
Petersilie, Dill, wenig Basilikum, etwas Majoran ·
eventuell 1–2 Teel. Butter

Etwa 845 Joule/200 Kalorien (ohne Butter)
Vorbereitungszeit: 10 Minuten
Garzeit: 20 Minuten

Die Zucchini waschen, von Blüten- und Stengelansatz befreien und in kleine Würfel schneiden. Die Zucchiniwürfel mit dem Wasser 5 Minuten kochen lassen. • Inzwischen den Reis grob schroten. Den Reisschrot langsam in das kochende Gemüse einstreuen, dabei mit einem Schneebesen umrühren. Alles zusammen noch 5 Minuten auf kleiner Hitze kochen lassen, dabei gelegentlich umrühren. Den Topf vom Herd nehmen und das Gericht 10 Minuten zugedeckt ausquellen lassen. • Mit Cenofix abschmecken und die Kräuter sowie eventuell die Butter daruntermischen.

Grießbrei

Zutaten für 1 Portion (1 Teller):
¼ l Milch · 2 gestrichene Eßl. Vollweizengrieß (25 g, Demeter oder Steinmetz) oder Vollkorn-Kindergrieß (Granovita) · 1 Eßl. Honig oder Ahornsirup · 1 Messerspitze gemahlene Vanille oder ¼ Teel. abgeriebene Zitronenschale (Schale unbehandelt)

Etwa 1470 Joule/350 Kalorien
Zubereitungszeit: 10 Minuten

Die Milch in einem kleinen Topf zum Kochen bringen. Den Grieß unter Rühren mit dem Schneebesen einstreuen. Bei Verwendung von Vollweizengrieß 5 Minuten, bei Vollkorn-Kindergrieß 2 Minuten unter häufigem Rühren bei kleiner Hitze kochen lassen. • Den Topf vom Herd nehmen. Den Honig oder Ahornsirup und die Vanille oder Zitronenschale unter den Grießbrei rühren.

Varianten: 1 kleine Handvoll gewaschene Korinthen oder Rosinen zufügen und/oder 2 Teelöffel Kakao. • Oder 1 geschälte, in Scheiben geschnittene Banane oder 50 g frische oder tiefgefrorene Himbeeren oder Erdbeeren oder Brombeeren unter den heißen Grießbrei mischen. • Oder Apfelmus, eventuell mit Zimt gewürzt, dazu servieren.

Hirseblumensuppe 🛎

Eine optisch und kulinarisch reizvolle Suppe wird auch von Kranken selten verschmäht. Die kräftige Gemüsebrühe, aus der sie gemacht ist, regt den Appetit an und ergänzt wichtige Mineralstoffe. Beides ist bei Krankheit erwünscht. Für so viele Pluspunkte macht man sich gern etwas mehr Arbeit, und damit diese sich lohnt, essen alle mit. Das Rezept ist also für 4 Personen berechnet.

Für die Hirseblumen: 150 g Hirse · 2 gehäufte Eßl. Weizenkeime · je 1 gestrichener Teel. Kräutersalz und Delikata · ¼ Teel. Kurkuma · ⅛ l Milch · 4 Eier
Für das Backblech: eventuell etwas Butter oder Margarine
Für die Gemüsebrühe: 1¼ l Wasser · 1 Möhre · 1 Stück Sellerieknolle oder Selleriegrün · 1 kleine Stange Lauch/Porree · 1 Petersilienwurzel · 1 Liebstöckelblatt oder 2 Bunde Suppengrün oder 1 Päckchen tiefgefrorenes Suppengrün
Für die Suppe: 1 kleiner Blumenkohl oder Broccoli (etwa 250 g) · 150 g frische oder tiefgefrorene grüne Erbsen · 1–2 Teel. Kräutersalz · 2 Eßl. feingehackte Petersilie

Pro Portion etwa 1395 Joule/330 Kalorien
Vorbereitungszeit: 30 Minuten
Backzeit für die Hirseblumen: 25–30 Minuten bei 200°, mittlere Schiene
Garzeit: 30 Minuten

Für die Hirseblumen die Hirse feinmahlen und mit den Weizenkeimen, dem Kräutersalz, dem Delikata und dem Kurkuma mischen. Die Milch bis kurz vor den Siedepunkt erhitzen, über die Hirsemehlmischung gießen und glattrühren. Die Masse abkühlen lassen. • Die Eier in Eigelb und Eiweiß trennen. Die Eigelbe unter die Hirse rühren. Die Eiweiße zu steifem Schnee schlagen und vorsichtig unter den Hirsebrei heben. Ein Backblech mit Backpapier belegen oder gut einfetten. Den Hirseteig mit einem Teigschaber gleichmäßig daraufstreichen und im vorgeheizten Backofen auf der Mittelschiene bei 200° 25–30 Minuten backen, bis er goldbraun ist. • Sofort mit einem Plätzchenausstecher Blumen oder andere beliebige Formen ausstechen und diese in eine Schüssel geben. • Für die Gemüsebrühe das Wasser zum Kochen bringen. Das Gemüse oder Suppengrün putzen, grob zerkleinern und mit dem Liebstöckelblatt in der Brühe 20 Minuten bei kleiner Hitze zugedeckt garen. • Das Gemüse mit einem Schaumlöffel herausnehmen (und wegwerfen). Für die Suppe den Blumenkohl oder Broccoli waschen, putzen und in kleine Röschen teilen, größere vierteln. Die Blumenkohl- oder Broccolistücke zusammen mit den Erbsen etwa 10 Minuten in der Gemüsebrühe garen. • Die Suppe mit Kräutersalz abschmekken und die Petersilie daruntermischen. Bei Tisch streut sich jeder Hirseblumen in den Teller.

Variante: Genauso hübsch, nahrhaft und gesund sind die gelben Sojaklößchen aus der Drei-Farben-Suppe (Rezept Seite 24) als Suppeneinlage. Sie sind viel schneller zubereitet.

Quarkmüsli 🐾

Dieses Müsli ist eine richtige Aufbaukost nach Tagen der Appetitlosigkeit.

Zutaten für 1 Portion:
1 Teel. beliebiges Nußmus (Haselnuß-, Mandel-, Cashewnuß- oder Erdnußmus) · 1 Eßl. Honig · 1 Banane · 5 Eßl. Magerquark (etwa 150 g) · Saft von 1 Grapefruit · je 1 Eßl. frischgeschroteter Weizen und Leinsamen

Etwa 2195 Joule/520 Kalorien
Zubereitungszeit: 10 Minuten

Das Nußmus und den Honig in einem Suppenteller verrühren. Die Banane schälen und mit einer großen Gabel im Teller zerdrücken. Den Quark zufügen und alles mischen. Den Grapefruitsaft sowie den Weizen- und Leinsamenschrot gleichmäßig unter die Quarkmasse rühren.

Varianten: Statt des Grapefruitsaftes den Saft von 1 Orange und ½ Zitrone verwenden. • Oder im Sommer zusammen mit der Banane einige Erdbeeren oder Himbeeren zerdrücken und mit dem Saft von ½ Zitrone unter das Quarkmüsli mischen. Mit etwas Milch glattrühren.

Tip: Da der Quark in der Regel aus dem Kühlschrank kommt, sollte das Müsli vor dem Verzehr auf Zimmertemperatur erwärmt werden (auf der Heizung oder über Dampf).

Kleine Warenkunde

Das Kochen mit Vollgetreide erfordert zum Teil andere Gewürze und Zutaten als üblich. Besondere Merkmale, Tips für Einkauf, Aufbewahrung und Zubereitung finden Sie hier von A bis Z. Waren, die Sie nicht in Ihren bekannten Einkaufsstätten bekommen können, sind in Reformhäusern, Naturkostläden und bei Naturkost-Versandfirmen erhältlich.

Agar Agar: Geliermittel aus Algen mit einem Mineralstoffgehalt von 3,5%. Gemahlenes Agar Agar (z. B. von Brecht) läßt sich am einfachsten verarbeiten.

Arrowroot (Pfeilwurzelmehl): Besonders feine, natürliche Stärke, z. B. für Puddings und süße Saucen. Wildpfeilwurzelmehl (Kuzu) kann genauso verwendet werden. Notfalls dient Maisstärkepuder als Ersatz.

Aufbewahrung von Vollwert-Nahrungsmitteln: Getreide, Nüsse, Trockenfrüchte, Tees usw. trocken, kühl, eventuell in gut verschließbare Gläser oder Blechdosen umfüllen, und dunkel lagern. Waren aus dem Reformhaus oder Naturkostladen sind nicht bestrahlt (Insekteneier) und können bei unsachgemäßer Lagerung »lebendig« werden (Mehlwürmer, Motten usw.).

Backferment: Teiglockerungsmittel (trockenes Granulat) aus Honig und Getreide für aromatische, bekömmliche Vollkornbrote. Verliert nach etwa 1 Jahr die Triebkraft (Verfalldatum!)

Biobin: Pflanzliches Bindemittel aus Johannisbrotkernen (Tartex). Wird in sehr kleinen Mengen verwendet (Meßlöffel in der Dose). Bindet auch kalte Speisen und hält z. B. Schlagsahne (auf Torten) 1–2 Tage steif.

Buchweizen: Wird in der Vollwertküche zum Getreide gezählt, ist aber der Samen eines Knöte-richgewächses. Enthält viel Kalium, Magnesium, Eisen, Lezithin und viele Vitamine. Ist schnell gar und leicht verdaulich. Als Körner, Schrot (»Buchweizengrütze«) und Mehl im Handel.

Butter: Eines der natürlichsten und gesündesten Fette. Wird neuerdings für die Vollwertküche wieder empfohlen.

Crème fraîche: Dicke saure Sahne (über 20% Fett, meist sogar über 30% Fett).

Delikata: Gewürzmischung (Brecht) mit mildem, curryähnlichem Geschmack.

Dinkel oder Spelz: Alte Kulturform des Weizens, selten angebaut. Wohlschmeckender und leichter verdaulich als Weizen.

Edelhefeflocken: Würzmittel der vegetarischen Küche zur Anreicherung mit Eiweiß und B-Vitaminen. Für die Kinderernährung besonders empfehlenswert.

Eier: Die Qualität von Eiern schmeckt man in vegetarischen Gerichten besonders deutlich heraus. Also Eier von freilaufenden Hühnern bevorzugen. Die Menge von 1 Ei pro Tag sollte nicht überschritten werden.

Friate: Apfeldicksaft und pikante Fruchtwürze (Donath). Bei Kindern beliebt für Salate und verdünnt als Getränk.

Frischkäse: Relativ wenig verändertes, eiweißreiches Milchprodukt. Als körniger Frischkäse (Hüttenkäse) und als Doppelrahm-Frischkäse erhältlich.

Gemüse: Schönes Aussehen und Größe (Handelsklassen) sind kein Kriterium für »gesunde« Qualität (Nährstoffdichte). Wenn biologisch gezogenes Gemüse nicht zu bekommen ist, sind aromatischer Duft und Geschmack (nicht das Aussehen) ein guter Qualitätsmaßstab. Gemüse immer zur Saison verwenden, es ist dann am wertvollsten (z. B. haben im Ursprungsland grün geerntete Tomaten, bei uns nachgereift, wenig Wert und Geschmack). Wochenmärkte bieten im allgemeinen mehr Auswahl an Gemüse und Obst nach den oben angeführten Kriterien.

Gemüsebrühe, gekörnte: Praktisches Würzmittel, das viele Mineralstoffe aus Gemüse enthält. Verschiedene Fabrikate; Cenovis und Frugola auch lose und preiswert erhältlich.

Gerste: Siehe Nacktgerste.

Getreide: Weizen, Dinkel, Roggen, Hafer, Gerste, Hirse, Naturreis, Mais und Buchweizen sind der Grundstock der Vollwertkost. Gereinigt und zum Teil in biologischer Qualität im Reformhaus oder Naturkostladen erhältlich. Bei Einkauf direkt vom Landwirt auf gereinigtem Getreide bestehen und die Körner außerdem zu Hause vor Verwendung noch gründlich verlesen (Steinchen, Unkrautsamen und Mutterkorn sorgfältig entfernen. Samen der Kornrade und Mutterkorn sind unverträglich bzw. giftig!). Getreide trocken, kühl und luftig lagern.

Getreidemühlen: Viele Fabrikate von unterschiedlicher Qualität machen genaue Information vor dem Kauf unbedingt notwendig (Testergebnisse der Stiftung Warentest und »Handbuch der Haushalts-Getreidemühlen«, siehe Seite 101). Die Anschaffung lohnt sich, denn frisch gemahlenes Getreide ist am wertvollsten und wohlschmeckendsten; gemahlenes Getreide rasch verbrauchen (es verdirbt schnell).

Graham-Paniermehl: Siehe Vollkornbrösel.

Grieß: Siehe Vollkorngrieß.

Grünkern: Milchreif geernteter Dinkel (siehe dort), auf Holzkohlenfeuer »gedarrt«. Eiweiß- und mineralstoffreich, wohlschmeckend und leicht verdaulich. Frisch gemahlene Körner schmecken wesentlich besser als käuflicher Grünkerngrieß oder -mehl.

Hafer: Siehe Nackthafer.

Haferflocken: Grob (kernige oder Großblatt-Haferflocken), fein (blütenzarte oder zarte Haferflocken) und sehr fein (Instant- oder Schmelzflocken) im Handel. Sehr feine Haferflocken auch gut geeignet als Bindemittel.

Hirse: Mit 2% das mineralstoffreichste Getreide (besonders Kieselsäure und Magnesium). Leicht verdaulich und bei Kindern sehr beliebt. Kocheigenschaften und Wasseraufnahmefähigkeit je nach Qualität unterschiedlich.

Honig: Besteht aus Trauben- und Fruchtzucker, die direkt ins Blut übergehen. Enthält zusätzlich wertvolle Mineralstoffe, Säuren und Fermente (mindestens 12 verschiedene Inhaltsstoffe, die u. a. Krankheitserreger abtöten können, wurden festgestellt). Honig hat weniger Kalorien als Zucker, aber trotzdem stärkere Süßkraft. Zum Süßen von Speisen und Getränken geschmacksneutralen, hellen Blütenhonig verwenden.

Karob oder Karobe: Kakaoähnliches Pulver aus gemahlenen Johannisbrotschoten. Enthält viel natürlichen Zucker. Wirkt wie Kakao stopfend.

Keimlinge: Siehe Sprossen.

Kochkiste: Für Getreidegerichte, die langsam ausquellen müssen, ideal. Erhältlich als Styropor-Box mit passendem Edelstahltopf (siehe

Seite 32) oder nach altem Vorbild nachgebaut (in Naturkostläden und bei Naturkost-Versandfirmen). Kachelöfen und andere (neue) Öfen haben Warmhaltefächer, die den gleichen Zweck erfüllen. Als Ersatz dicke Decken.

Konservieren: In der Vollwertküche geeignete Lebensmittel milchsauer einlegen, trocknen oder tiefgefrieren. Besser ist es, Gemüse und Früchte der Saison reichlich zu essen.

Kräuter: Frische Garten- und Wildkräuter sollten das wichtigste Gewürz in der vollwertigen Kinderernährung sein. Sie enthalten viele Mineralstoffe und Vitamine. Sie verhindern, daß Kinder sich an scharfes Würzen gewöhnen. Für den Winter einfrieren (feinschneiden, in kleine Tiefkühlbehälter füllen, bei Bedarf mit der Gabel herausnehmen und Reste sofort wieder, gut verschlossen, ins Tiefkühlfach stellen). Getrocknet nur gerebelte (nicht pulverisierte) Kräuter von guter Qualität verwenden. Siehe auch »Küchenkräuter selbst gezogen«, »Vonarburgs Gewürzkräuter-Kompaß« und »Pahlows Wildgemüse-Kompaß« (Gräfe und Unzer Verlag).

Kräutersalz: Würzmittel in der Vollwertküche. Enthält Mineralstoffe der Kräuter.

Kruska: Grütze (Schrot) aus 5 Getreidearten nach Waerland, fertig gemischt erhältlich.

Mais: Das süßeste Getreide. Seine Kohlenhydrate werden leicht und schnell verdaut. Daher für Kinder gut geeignet und bei ihnen beliebt. Am besten gemahlen kaufen als feines oder grobes Maismehl, als feinen oder groben Maisgrieß, da nur wenige Getreidemühlen auch Mais mahlen können. Popcornmais ist für jede Getreidemühle zu hart.

Margarine: Ungehärtete Margarine aus kaltgepreßten Ölen verwenden. Im Reformhaus und Lebensmittelhandel erhältlich.

Milch: Im Handel erhältliche »Frischmilch« ist natürlicher als H-Milch, sterilisierte Milch oder Kondensmilch. Für Kinder nur frische Vollmilch (3,5% Fett) verwenden; sie schmeckt auch am besten. Für Kleinkinder Rohmilch (nicht pasteurisiert) oder Vorzugsmilch abkochen.

Nacktgerste: Spelzenlose Züchtung für die Küche. Gerste ist eine gute Kinder- und Krankenkost; seit langem als Heilnahrung verwendet.

Nackthafer: Spelzenlose Züchtung für die Küche. Hat von allen Getreidearten den höchsten Eiweiß- und Fettgehalt (Kraftnahrung).

Naturreis oder Vollreis: Ungeschält und nicht poliert. In der Schale und dem Silberhäutchen sind die meisten Vitamine und Mineralstoffe sowie Eiweiß und Fett enthalten.

Nüsse: Immer aus neuer Ernte kaufen (ab Oktober/November im Handel). Möglichst keine geschwefelten Walnüsse kaufen. Nüsse immer verlesen, Schalenteile und ranzige Nußkerne (innen dunkel) entfernen. Nüsse nicht auf Vorrat mahlen.

Nußmus: Nußmus und Mandelmus bestehen aus feinzerkleinerten Nüssen (auch Cashewnüssen, Erdnüssen, Sesamsamen) und Mandeln. Beliebt bei Kindern, aber kalorienreich.

Obst: Für den Einkauf gilt dasselbe wie für Gemüse, siehe dort.

Öl: Nur kaltgepreßtes Öl von guter Qualität verwenden. Wird ohne chemische Verfahren gewonnen. Enthält ungesättigte Fettsäuren und Vitamin E.

Orangenschale: Siehe Zitronenschale.

Piccata: Pikante, scharfe Gewürzmischung (Brecht). Sparsam verwenden.

Pilzpulver: Getrocknete, gemahlene Pilze (Brecht).

Quark: In der Vollwertküche meist als Magerquark verwendet (auch als Ersatz für Schichtkäse, siehe dort). Um trockenen Quark zu erhalten, ein Sieb mit dichtgewebtem Geschirrtuch auslegen, den Quark darin ablaufen lassen, dann im Tuch noch kräftig auspressen (je nach Feuchtigkeitsgehalt anschließend abwiegen).

Reis: Siehe Naturreis.

Roggen: Mineralstoffreiches Getreide. Für herzhafte Gerichte besonders gut geeignet.

Sahne: Für Sahne gilt das gleiche wie für Butter, siehe dort.

Salz: Meersalz, Kräutersalz oder gekörnte Gemüsebrühe sind wertvoller als Kochsalz. Bei Verwendung von Kochsalz weniger nehmen (es salzt stärker).

Sandwichcreme: Vegetarische Paste (Granovita u. a.) als Brotaufstrich und zum Verfeinern von Speisen.

Schabzigerklee: Ein Gebirgskraut, als Käsegewürz bekannt. Getrocknet und pulverisiert (Brecht).

Schalotten: Kleine Zwiebelsorte mit mildem, feinem Aroma. Geeignet, um Kinder, die keine Zwiebeln mögen, mit diesem gesunden Gewürz zu versorgen.

Schichtkäse: Sauermilchprodukt, das noch auf natürliche Weise hergestellt wird (nicht fein zentrifugiert wie Quark, sondern von Hand geschöpft, so daß die Molke ablaufen kann). Enthält weniger Flüssigkeit und ist deshalb zum Kochen und Backen besser geeignet. Beim Einkauf auf Frische achten. Bei sehr feuchtem Schichtkäse die Molke auffangen und zum Trinken oder für Sauerteig verwenden. Ersatzweise Magerquark nehmen, siehe Quark.

Sojabohnen: Gelbe Sojabohnen enthalten etwa 38% Eiweiß, 18% leicht verdauliches Fett mit hohem Lezithinanteil, viele Mineralstoffe und Ballaststoffe, siehe auch Seite 46.

Sojamark: Geformtes, entfettetes Sojamehl mit 50% Eiweiß im trockenen Zustand. Es gibt Sojamarkwürfel und gekörntes Sojamark. Nicht alles Sojamark ist TVP (Texturiertes Vegetabiles Protein); einige Reformfirmen stellen Sojamark nach eigenem schonenden Verfahren her.

Sojamehl, vollfett: Aus entbitterten, feinstgemahlenen gelben Sojabohnen. Ein idealer Küchenhelfer. Nur goldgelbes, puderfeines Sojamehl ist für die Rezepte geeignet.

Sojasauce: Im Lebensmittelhandel erhältliche Sojasaucen sind oft im industriellen »Schnellverfahren« hergestellt und haben mit den noch natürlich erzeugten Sorten »Tamari« und »Shoyu« wenig gemein. Diese sind in Reformhäusern und Naturkostläden erhältlich.

Sprossen: Keimlinge aus grünen Sojabohnen (Mungbohnen), aus Weizen-, Kresse-, Senf- und anderen Samen kann man leicht selbst ziehen. Sie sind sehr vitaminreich und deshalb in der kalten Jahreszeit besonders wertvoll. Kinder essen viele Keime sehr gern (z. B. Soja, Senf) andere weniger gern (z. B. Weizen). Zu sehen, wie sie wachsen, macht Spaß. Zum Beispiel die Samen (Boden bedeckt) in ein Weckglas füllen, für einige Stunden mit Wasser bedecken. Das Glas mit einem groben Stoff verschließen, zweimal täglich Wasser durch den Stoff gießen und gleich wieder abgießen, in einigen Tagen sind die Keime fertig (warmes Zimmer). Sojakeime nicht roh essen, sondern einige Minuten blanchieren, mit Sojasauce würzen.

Vanille, gemahlen: Für die Vollwertküche kommt ausschließlich natürliche Vanille (Brecht oder Lima) in Frage (Vanillin wird dagegen künstlich hergestellt).

Vollkornbrösel: Als »Graham-Paniermehl« (Donath) oder als »Vollkorn-Paniermehl« (Lima) erhältlich.

Vollkorngrieß: Schmeckt herzhafter als weißer Grieß (von Steinmetz oder Demeter). Für Süßspeisen eignet sich der feinere Vollkorn-Kindergrieß (Granovita) besser.

Vollreis: Siehe Naturreis.

Vollsojamehl: Siehe Sojamehl, vollfett.

Weizen: Das am meisten verwendete Getreide, leicht verdaulich, geschmacksneutral, gute Backfähigkeit. Keimfähige Weizenkörner als »Sprießkornweizen« im Handel.

Zitronen- oder Orangenschale: Selbstverständlich nur von chemisch unbehandelten Früchten abreiben. Konservieren in Honig. Notfalls ersatzweise Zitronen- oder Orangenextrakt von McCormick oder Backöl Zitrone von Ostmann verwenden (sie sind aus den natürlichen Ölen der Schalen hergestellt).

Bücher und Adressen

Chemie in Nahrungsmitteln. Verlag Zweitausendeins, 6000 Frankfurt 61
Cremer (u. a.), Die große GU Nährwert-Tabelle. Gräfe und Unzer Verlag, München
Elmadfa (u. a.), Die große Vitamin- und Mineralstoff-Tabelle. Gräfe und Unzer Verlag, München
Ernährungsbericht 1984. Deutsche Gesellschaft für Ernährung, Frankfurt
Forschungsinstitut für Kinderernährung: Die Ernährung des Kleinkindes und des Schulkindes. Bundeszentrale für gesundheitliche Aufklärung, Postfach 93 01 03, 5000 Köln 91 (kostenlos)
Handbuch der Haushalts-Getreidemühlen. Verlag Eberhard Cölle, Stuttgart (im Buchhandel, in Reformhäusern und Naturkostläden)
Kapfelsberger/Pollmer, Iß und stirb. Verlag Kiepenheuer & Witsch, Köln
Koerber/Männle/Leitzmann, Vollwert-Ernährung. Haug Verlag, Heidelberg
Kurz, Marey, Soja in der Vollwertküche. Gräfe und Unzer Verlag, München
Mommsen, H., Gesunde Kinder durch lebendige Vollwertkost. Bircher-Benner-Verlag, Bad Homburg v. d. H.
Vogel, A., Der kleine Doktor. Verlag A. Vogel, Teufen (Schweiz)

Adressen biologisch wirtschaftender Landwirte durch:
Demeter-Bund, Wellingstr. 24, 7000 Stuttgart
Fördergemeinschaft organisch-biologischer Landbau e. V., 7326 Heiningen
Adressen von Naturkost-Versandfirmen: Anzeigen in Reform- und Gesundheitszeitschriften
Bezugsquelle für Spar-GarBox und Servierpfanne:
Haushaltswaren-Fachhandel. Information durch SUS Schulte-Ufer KG, 5768 Sundern/Sauerland

Rezept- und Sachregister

»Vollwertkost, die schmeckt«

Vollwertig essen – gesünder leben. Die GU Kochbücher der naturgemäßen Ernährung. Schmackhafte Rezepte und praktische Tips für alle, die unkompliziert und dennoch vollwertig kochen und essen wollen.

Jeder Band mit 104 Seiten, 20 – 30 Farbfotos und mit Zeichnungen. Paperback.

Jedes Rezept von GU doppelt geprüft.

Johanna Handschmann
Aufläufe aus der Vollwertküche
Reizvolle Rezepte und praktischer Rat.

Benita von Eichborn
Gemüse aus der Vollwertküche
Schmackhafte Rezepte und praktischer Rat. Mit Warenkunde und Saisonkalender.

Benita von Eichborn
Hülsenfrüchte in der Vollwertküche
Schmackhafte Rezepte und praktischer Rat.

Ingrid und Annette Früchtel
Natürliche Vorratshaltung in der Vollwertküche
Einmachen, Einsäuern, Dörren und Einfrieren von Obst, Gemüse, Pilzen und Kräutern. Erprobte Rezepte und praktischer Rat.

Benita von Eichborn
Rohkost und Salate aus der Vollwertküche
Schmackhafte Rezepte und praktischer Rat.

Marey Kurz
Soja in der Vollwertküche
Rat und Rezept-Ideen zum Kochen und Backen mit den Soja-Varianten Bohnen, Mehl, Mark, Milch, Sauce, Tofu und Miso. Das umfassende Soja-Kochbuch.

Eva Rittinger
Süßes aus der Vollwertküche
Gesunde Rezepte und praktischer Rat.

Reinhard Welscher
Vollwertig backen in 1 Pfanne
Aufläufe, Pizzen, Pasteten – Brote, Kuchen und vieles mehr. Erprobte Rezepte und praktischer Rat.

Marey Kurz
Vollwertkost, die Kindern schmeckt
Erprobte Rezepte und praktischer Rat für richtige Ernährung im Kleinkind- und Schulalter.

Marey Kurz
Vollwertküche – schnell und leicht
Schmackhafte Rezepte und praktischer Rat.

Marey Kurz
Vollwert-Rezepte für 1 Person
Köstlich, gesund und unkompliziert.

GU Gräfe und Unzer

Rezept- und Sachregister